跳動的音符

全幼兒音樂教育多元音樂元素

活動教案

李玲玉 著

全幼兒音樂教育中心出版

2024 年 01 月

致謝

寫到這裡，終於快要跟電腦和鍵盤道別的時刻，能夠完成本書《跳動的音符：全幼兒音樂教育多元音樂元素活動教案》要歸功於熱情支持我的每一位老師，沒有你們參加我的《全幼兒音樂教育模式》第一次新書發表研習，提出創作音樂 CD 的教學實際需求，也不會有這本教案書的誕生。大家的反饋和回饋督促我不斷修正，用信任和支持激勵著我前進，讓我能夠實現夢想完成這本書。走到這裡，我想告訴大家：「這本書是為了你們而寫的！」來表達我的誠摯謝意。

最後，我要感謝生活本身。生命中的每個經歷、每個轉折、每個挑戰，都是我成為今天的自己的一部分。感謝生命中的一切，因為它們塑造了我的故事，也賦予了我寫作這本書的力量和意義。

謝謝每一位曾經出現在我生命中的人，願我們一同繼續前行，在幼兒音樂教育的路上共同探索生命的美好和可能性。

懷著無限感激！

2024 元旦於朝陽

目錄

自序

當我站在這本書的自序之前，我不禁感到一股激動和感慨。這本書代表了我的夢想、熱情和付出，也承載了無數個日夜的努力和思考。《跳動的音符：全幼兒音樂教育多元音樂元素活動教案》是一個對幼兒音樂教育無限熱愛的表達，一個心靈深處的呼喚。

這本書的誕生，是源於我對音樂的熱情，對幼兒教育的熱衷，以及對創造力的信仰。幼兒時期是一個充滿好奇心和探索慾望的時期，也是音樂教育的黃金時機。透過音樂，我們可以啟發孩子的想像力，豐富他們的情感世界，培養他們的創造力，並同時促進語言、社交和認知能力的發展。

在這本書中，我分享了自己多年來在音樂教育領域的經驗，以及我自己創作的音樂 CD 和教案。我的目標是幫助幼教現場的老師們更好地理解如何運用音樂作為一個有力的教學工具，讓幼兒在愉快的音樂響起中學習、成長，並建立一生受用的音樂基礎。

我相信每一個音符都是一個跳動的生命，每一首歌曲都是一個情感的表達。音樂能夠打開孩子的心靈之門，讓他們沉浸在美妙的聲音之中，同時培養情感表達能力，並促進情感和社交的發展。希望這本書中的每一個教案和每一首創作音樂都能成為您的得力助手，帶領您和孩子們一同踏上音樂的旅程，享受音樂的樂趣，體驗音樂的魔法。

最後，我要感謝每一位閱讀與使用這本書的幼兒教育工作者。您們是孩子們成長道路上的引路人，您們的辛勤付出和愛心教育對孩子們的未來

有著深遠的影響。希望這本書能夠成為您的得力工具，幫助您在音樂教育的旅程中，讓每一個音符都變成一個跳動的機會，讓每一個幼兒都能夠在音樂的陪伴下茁壯成長。

　　謝謝您的閱讀，願這本書能為您帶來啟發和愉悅，讓音樂的魔法在您的教室中繚繞，為幼兒們帶來無盡的可能性。

摘要

本書主要分為緒論、音樂元素和音樂元素的教學教案三個部分，旨在探討全幼兒音樂教育的多元音樂元素的教學應用，以協助幼兒的學習和發展。以下是各個章節的摘要：

緒言

在緒論中，作者介紹了本書的背景和目的。這本書的主要目標是協助幼教現場老師使用作者創作的音樂 CD 和教案，去除對音樂專業的恐懼，以輕鬆易實施的活動啟發幼兒對音樂的感知和理解。

第一部　音樂元素

這一部分主要討論了音樂元素在幼兒音樂教育中的重要性。它包括音樂元素的作用和功能、音樂元素的定義、音樂元素的教學方法、全幼兒音樂教育模式的音樂編曲安排、形成期和擴展期等內容。這一部分將幫助讀者更佳的理解音樂元素在幼兒教育中的角色和應用。

第二部　音樂元素的教學教案

這一部分提供了針對不同年齡段幼兒的音樂教案。它包括產前胎教、0歲寶寶、1-2歲學步兒和3-6歲幼兒的音樂教案。這些教案旨在協助教育者以易行的方式，在不同發展階段的幼兒中培養音樂感知和理解，並引導他們透過音樂來發展各種技能和能力。

這本書綜合了音樂教育的理論和實踐，旨在為幼教現場老師提供有價值的教材和資源，以幫助幼兒在音樂的魔法中茁壯成長。作者希望這本書能激發更多教育者對音樂教育的興趣，並為幼兒的學習旅程帶來更多的樂趣和豐富性。

跳動的音符
全幼兒音樂教育多元音樂元素的活動教案

緒言

音樂，作為一門藝術，具有無限的魅力，它能夠觸動人心，引發情感共鳴，並啟發無限的創造力。而當我們談論音樂教育，特別是針對幼兒的音樂教育，我們實際上正在為未來的世界培育著對美感更加敏感的新生代。

本書《跳動的音符：幼兒音樂教育多元音樂元素的活動教案》就是為了捕捉這種音樂教育的奇妙之處而誕生的。我們將帶您進入一個有趣好玩的音樂教育世界，其中音符不僅是靜態的符號，更是蘊含著生動和充滿活力的能量。這本書的目的是探索全幼兒音樂教育的多元元素，並提供一系列具體的活動教案，以幫助教育工作者和家長們在培養幼兒的音樂能力和敏感性方面提供支持。

音樂教育不僅僅是關於彈奏樂器或唱歌，它更關乎對音樂元素的理解，包括節拍、旋律、力度、速度與和聲，以及如何將它們融入生活中。本書的每一個活動教案都旨在透過互動、創造性的方式，引導幼兒自發性探索這些音樂元素，同時也促進他們非音樂領域的語言、認知、社交、感知及肢體動作之發展。我們相信，這種多元的音樂體驗能夠啟發幼兒的想像力，培養他們的自信心，並為他們的整體成長打下堅實的基礎。

在這本書中，您將找到豐富多彩的活動，從簡單的音樂遊戲到更複雜的音樂探索，都設計得充滿趣味且易於實施。無論您是一名教育工作者、家長，還是對音樂教育充滿熱情的人，我們希望這本書能夠為您提供有價值的教育工具，讓幼兒在音樂的魔法世界中獲得樂趣和啟發。

背景

在當今教育領域，全幼兒音樂教育受到了越來越多的關注。研究表明，音樂教育對於幼兒的綜合發展和學習能力有著積極的影響，包括語言能力、情感智能、社交技能、肢體動作以及認知發展。因此，越來越多的教育機構和家長開始重視幼兒期的音樂教育，並希望提供更具多元性和創造性的音樂體驗。然而，儘管對於音樂教育的需求不斷增加，許多教育工作者和家長仍然面臨著如何實施有效的音樂教育的挑戰。這包括了尋找適合幼兒的音樂教材、設計具吸引力的音樂活動，以及了解如何在日常生活中將音樂元素融入教育中。

《跳動的音符：全幼兒音樂教育多元音樂元素的活動教案》應運而生，旨在解決這些挑戰。本書的背景源於對音樂教育的熱情和對幼兒綜合發展的承諾。我們相信，音樂是一種強大的教育工具，能夠啟發幼兒的創造力、表達能力，並豐富他們的生活。

這本書匯聚了作者多年的實踐教學經驗，呈現了一系列豐富多彩的創作音樂曲目與音樂活動，旨在協助教育工作者和家長將音樂融入幼兒的日

常生活。我們期望這本書不僅提供切實可行的教學工具，還能激發更多人參與幼兒音樂教育，共同為幼兒的成長和未來奠定堅實的基礎。這是一個共同致力於培養下一代音樂愛好者和富有創造力的個體的旅程。最終，我們期待著看到這本書成為音樂教育的實用資源，為幼兒的音樂之旅帶來歡樂和啟發。希望它能成為促進音樂教育發展的一部重要著作，豐富幼兒的生活並啟發他們的潛能。

第一部 音樂元素：
培養幼兒音樂感知和理解的關鍵元素

音樂結構元素在音樂教育中佔據重要地位，它們是培養幼兒音樂感知和理解的關鍵因素之一。這包括了解音樂中的各種要素，如音樂句子的起始、分段、結束，以及音樂中的共通特點和差異點，還有音樂中的變化。然而，對嬰幼兒講解這些抽象的音樂結構元素並不簡單。

為了協助幼兒感知或理解這些概念，音樂教師需要運用巧妙的方法，將這些抽象觀念轉化為具體且有趣的體驗。這可能包括使用引人入勝的圖像故事來激發他們的學習興趣，並透過肢體動作、遊戲和玩奏樂器的方式，逐步啟發他們對音樂結構的感知。透過激發學習動機，我們可以培養他們的即興創造能力。

我們可以運用多種不同的教學方法和途徑，協助幼兒理解音樂作品所表達的情感和意義。關鍵在於讓他們參與互動，進行模仿，激發他們的聯想和想像力。這將有助於豐富他們的聽覺感知，擴大他們對音樂的視野，培養音樂思維，以及促進審美智能的發展。理解音樂結構是欣賞和理解音樂作品時必不可少的技能，並且這種能力可以從幼年開始培養。

我們的目標不是要培養出未來的音樂天才，而是提高他們未來生活中的精神品質，培養他們對音樂的情感和鑑賞能力。這將為他們的整個生命帶來豐富的音樂體驗。

壹、音樂元素的作用和功能

在幼兒音樂教育中,理解音樂元素的作用和功能是至關重要的。全幼兒音樂教育模式常用的音樂元素包括:穩定拍、節奏、音色、音高、力度、調性、速度、走停以及曲式結構等,它們構成了音樂的基本組成部分,對幼兒的音樂發展和教育起著重要作用。以下我們將討論每個音樂元素的功能,包括如何幫助幼兒建立音樂的基本認知、提高音樂感知能力,以及培養音樂表達和創造的技能。

接這就讓我們一同探索音樂元素的奧秘,並掌握更多音樂教育的鑰匙:

一、穩定拍

音樂中的穩定拍對幼兒的作用和功能有許多,特別是在音樂教育和幼兒發展方面。以下是一些穩定拍在幼兒中的重要作用和功能:

1. 節奏感培養:穩定拍是音樂的基礎,它可以幫助幼兒發展節奏感。透過在音樂中感受拍子,幼兒可以學會在一定的時間內保持穩定的節奏,這對於音樂演奏和舞蹈等活動至關重要。

2. 聽覺辨別:穩定拍可以幫助幼兒培養聽覺辨別能力。他們可以透過傾聽音樂中的拍子來辨識不同的音符和聲音,並學會將它們與拍子相匹配。

3.協調和運動發展：在音樂中跟隨穩定拍，可以幫助幼兒發展身體協調和運動技能。他們可以透過跳舞、拍手、敲擊樂器等方式與拍子互動，從而提高運動協調性。

4.社交互動：音樂中的拍子可以促進幼兒之間的社交互動。在音樂活動中，幼兒可以一起跟隨拍子，共同參與音樂活動，這有助於建立友誼和合作意識。

5.注意力和集中力：參與音樂中的穩定拍，可以幫助幼兒培養注意力和集中力。他們需要聆聽和跟隨音樂的拍子，這有助於提高他們的專注能力。

因此，穩定拍在幼兒的音樂教育和發展中起著重要作用，有助於培養他們的節奏感、聽覺辨別能力、協調和運動技能，促進社交互動，以及提高注意力和集中力。這些都是幼兒綜合發展的重要層面。

二、節奏

節奏在幼兒的音樂教育和整體發展中，扮演著重要角色。以下是節奏對幼兒的作用和功能：

1.節奏感培養：節奏是音樂的基礎，幫助幼兒發展節奏感。透過聆聽和感受音樂中的節奏，幼兒能夠學會在一定時間內保持穩定的節奏，尤其是固定的節奏型，有助於幼兒理解與記憶。

2.運動協調發展：舞蹈和其他身體運動常常與音樂的節奏相關聯。幼兒在跟隨音樂節奏跳舞或進行節奏性運動時，可以改善他們的身體協調能力，並提高運動技能。

3.語言發展：節奏有助於語言發展，幼兒可以透過音樂中的節奏模式學習節奏和語調。節奏結合語言的說白是最佳促進語言與記憶力的學習管道。

4.情感表達：節奏有助於幼兒表達情感。他們可以透過音樂的節奏和節奏變化來表達情感，例如：跳快節奏可能表示興奮，而緩慢節奏可能表示平靜或放鬆。

因此，節奏對於幼兒的音樂教育和綜合發展至關重要，它有助於培養節奏感、運動協調能力、語言發展和表達情感。

三、音色

音色是音樂中的一個重要元素，對幼兒的音樂體驗和發展具有重要的作用和功能。以下是音色對幼兒的作用和功能的概述：

1.感知和辨識：音色是聲音的質地和特徵，幼兒透過聆聽不同樂器和聲音，能夠感知和辨識不同的音色。這有助於他們區分和識別與增強聽覺感知的能力。

2.表達情感：音色可以傳達情感和情緒。例如：柔和的音色可能讓幼兒感到溫暖和安心，而尖銳的音色則可能引起興奮或驚訝；幼兒可以透過聆聽和模仿不同音色，來感受和表達自己的情感。

3.啟發創造力：音色的多樣性可以激發幼兒的創造力。他們可以透過嘗試不同的音色組合來創造新的聲音和音樂，這有助於培養他們的音樂表達能力和想像力。

4.擴展音樂知識：幼兒透過接觸不同音樂風格和文化，可以了解不同地區和時期的音樂特色。這有助於擴展他們的音樂知識和文化理解。

因此，音色在幼兒音樂教育中扮演著重要的角色，有助於培養他們的聽覺感知、情感表達、創造力和音樂知識。教育工作者和家長可以透過提供多樣性的音樂體驗來豐富幼兒的音樂世界，並促進他們的音樂發展。

四、對比性音樂元素

對比性音樂元素在幼兒教育中發揮著重要的作用，有著多重功能。以下是對比性音樂元素對幼兒教育的作用和功能：

1.感知區別能力：多元的對比性音樂元素變化，有助於幼兒發展感知區別能力。透過自然與引導聆聽和辨識不同的對比性音樂元素，幼兒可以提高他們的音樂感知和聽覺辨別能力。

2.情感表達：對比性音樂元素可以幫助幼兒表達情感。音樂的變化和對比可以傳達不同的情感，讓幼兒學會用音樂表達自己的情感，並更佳的理解和感受音樂中的情感。

3.語言發展：音樂中的對比性元素有助於語言發展。幼兒可以透過聆聽和模仿音樂中的對比性音樂元素，再將之轉化為語言，學會更多的詞彙和語言模式。

4.專注和集中力：音樂中的對比性元素可以吸引幼兒的注意力，促進專注和集中力。當幼兒嘗試辨識和理解音樂中的變化時，他們需要專注於音樂，這有助於培養良好的學習習慣。

5.創造性思維：音樂中的對比性元素可以激發幼兒的創造性思維。透過對比性的音樂，幼兒可以在音樂中表達自己的想法和想像。

6.社交互動：參與音樂活動，如音樂合奏或合唱，需要幼兒與其他人協作和互動。對比性音樂元素可以幫助幼兒在音樂團體中共同合作，建立友誼和團隊合作技能。

對比性音樂元素在幼兒教育中具有多重作用和功能。它們有助於感知區別能力的發展，提升情感表達、語言發展、專注和集中力，激發創造性思維，以及促進社交互動。因此，在幼兒教育中，音樂活動應該充分利用這些對比性音樂元素，以提供多樣化和豐富的學習經驗。

貳、音樂元素的定義

　　音樂元素的定義是深入了解音樂的基礎，這些元素構成了音樂的結構和特點。對於幼兒音樂教育而言，理解這些音樂元素的定義是啟發他們對音樂的好奇心、創造力和感知能力的重要一步。在以下內容中，我們將簡潔地解釋從基本的節拍和節奏，到對比性元素的各個音樂元素的定義。透過對這些元素的理解，我們可以為幼兒提供更豐富的音樂體驗，幫助他們建立穩固的音樂基礎，並培養他們的音樂素養。讓我們一起深入探索音樂元素的定義，為幼兒的音樂之旅鋪平道路。

一、拍子（Steady Beat）

　　穩定拍是音樂中的基本元素之一，指的是均勻且連續的時間感覺，通常由一系列均勻的重複拍子所構成。這種均勻的拍子可以是有規律的，例如在節拍器或節奏樂器上產生的定期敲擊聲，也可以是由聲音事件的強調或脈衝所創造的。穩定拍是音樂中的一個基礎元素，它有助於建立節奏感和時間感，讓聽眾能夠預測何時會有聲音事件發生。它通常以一個基本的時間單位（拍子）為基礎，並在整首曲子中保持一致。穩定拍的存在使得音樂更容易跟隨和感受，也有助人們在音樂中搭配舞蹈或參與其他活動。

　　簡言之，穩定拍在音樂教育中起著重要作用，尤其對幼兒和初學者來說，它有助於建立節奏感，瞭解音樂的基本結構，並參與音樂活動。透過穩定拍的學習，人們可以更好地欣賞和理解音樂，同時也可以更容易地參與音樂創作和表演。

二、節奏（Rhythm）

節奏是音樂中的重要元素，是一種由聲音事件的持續時間，和強度排列所構成的時間模式。這種排列通常以有規律的、可預測的方式重複出現，創造出音樂的時間結構。節奏可以是快慢變化的，可以讓人感受到時間的流逝和變化。節奏不僅包括基本的拍子，還包括不同的音符長度、強弱、重複模式和變化等元素。這些元素共同創造出音樂中的節奏感，使聽眾能夠跟隨並感受到音樂的躍動感。節奏也可以是音樂中的主題之一，並透過改變節奏模式來表達情感、動機和故事。

節奏是音樂中的一個基本元素，它是由音符的長短、間隔和音調的高低等元素組合而成的一種有規律的時間性節拍。節奏決定了音樂中的時間感和脈動，它可以以不同的速度、強度和節奏模式表達，創造出多種音樂情感和表現方式。節奏是音樂中的重要組成部分，它讓我們能夠感受到音樂的節奏感，跟隨拍子，並在音樂中表達情感和動感。節奏不僅受音符的音值和間隔影響，還受到音樂的速度和節奏模式的塑造。因此，節奏是音樂中一個關鍵的元素，對於音樂的結構和表達具有重要作用。

在音樂教育中，節奏的學習對於發展節奏感和音樂技能至關重要。學生通常會學習如何閱讀節奏譜，演奏各種節奏模式，並參與節奏性音樂活動，以培養他們的音樂能力。在幼兒音樂教學中，經常使用固定的節奏型是一種極為有效的方法，以協助幼兒記憶與學習語言。這種做法結合了音樂元素和言語發展，提供了一個豐富且有趣的學習環境。

三、音色（Timbre）

音色是音樂中的一個重要元素，用於描述聲音的質地、特性和獨特性，使不同音樂聲音之間產生區別。音色決定了一個音符聽起來是來自哪個樂器或聲音來源，並且讓我們能夠區分不同樂器、聲音或演唱者之間的差異。

音色是由多個因素組成的，包括頻率成分、諧波結構、音量、音色的變化和持續時間。這些因素共同決定了聲音的質地，例如它是明亮還是沉重、柔和還是尖銳。不同樂器和聲音來源具有不同的音色特點，使它們獨具特色。音色不僅是音樂的重要特徵，還可以用來表達情感和音樂的敘事性。透過改變音色，音樂家可以創造出多樣化的音樂效果，從而豐富音樂的表現力。音色也在音樂創作和編曲中發揮著重要作用，幫助音樂家實現他們的音樂願景。

在音樂教育中，學習音色是培養音樂欣賞能力，和音樂表演技巧的一部分。學生可以透過聆聽和比較不同音色，來增進對音樂的理解和鑑賞。在幼兒音樂教學中，除了介紹不同的樂器音色，自然的、隨時可得的人聲也經常被鼓勵使用在活動中。

四、曲式（Form）

曲式是音樂中的組織結構，用來安排和排列音樂元素，包括樂句、段落、主題、和結構性部分，以創造一首完整的音樂作品。曲式有助於音樂的組織、發展和表達，是音樂組成過程中的基本架構。

　　曲式通常由不同的樂句和段落組成，這些部分之間存在著重複、變化、對比和發展的關係。最常見的曲式之一是二部曲式（Binary Form），其中音樂被分為兩個主要部分，通常是 A 部分和 B 部分，每個部分可能包含多個樂句；其他常見的曲式包括三部曲式（Ternary Form），和進行式（Progressive Form）等，曲式也可以根據需要進行變化和修改，以滿足音樂的主題和情感。

　　曲式在音樂中具有多種功能，包括建立統一性、強調主題、創造對比、引導聆聽者的情感和思考，以及使音樂更具結構性。不同風格和音樂時期的音樂作品可能採用不同的曲式，這些曲式反映了當時的音樂趨勢和風格。

　　在音樂教育中，學習曲式有助於學生理解音樂的內部結構和邏輯，並提高音樂分析和表演的能力。音樂家和作曲家使用曲式來設計自己的音樂作品，以實現所需的情感和效果。因此，曲式是音樂創作和表演的關鍵元素之一，也是音樂理論和分析的重要主題。在幼兒音樂教學中，經常使用簡單的 AB 曲式，或是 ABA 曲式。

五、旋律高低（Pitch - High & Low）

　　高低在音樂中通常指的是音高（Pitch），是描述音樂音符的特性之一。音高是指聲音的頻率，高音通常聽起來明亮和清脆，而低音則聽起來深沉和豐富，音高的變化可以創造音樂中的起伏和情感表達，例如：高音可能表示興奮或高興，而低音可能表示沉思或憂鬱。音樂家使用高低音來創造

和塑造音樂的情感和情感。在音樂中，音高用來表示一個音符的音調高低，通常以音符的位置在五線譜或樂譜上來表示。高音符位於譜表的上部，而低音符位於下部。音高是音樂的重要元素之一，它使我們能夠區分不同音符之間的音調高低差異，並創造音樂的旋律和和聲。

六、速度快慢（Tempo - Fast & Slow）

快慢在音樂中通常指的是音樂的速度（Tempo）。音樂的速度是指音符被演奏或唱出的節奏快慢，它是音樂的一個重要元素，可以影響音樂的情感和表現方式。以下是一些有關音樂速度的常見術語和它們的速度概念：

1.Allegro（快速）：快速的速度，充滿活力和精力。

2.Andante（行板）：行走速度，較緩慢但有節奏感。

3.Adagio（緩慢）：緩慢的速度，著重於音樂的表現和情感。

4.Presto（急速）：非常快速的速度，極富動感和挑戰性。

5.Largo（緩慢的；莊嚴的）：非常緩慢的速度，強調音樂的廣度和深度。

音樂的速度可以透過拍子的節奏來表示，通常以每分鐘的拍數（BPM，Beats Per Minute）來衡量。例如：一個曲目以 120 BPM 的速度演奏，表示每分鐘有 120 拍。

快慢的音樂速度可以用來傳達情感、表達音樂的性格，並影響聆聽者的感受。不同的音樂作品和曲風通常會有不同的速度，這有助於創造多樣性和多層次的音樂體驗。

七、力度強弱（Dynamics - Loud & Soft）

在音樂中，力度是指音樂音量強弱的變化。它是音樂表演中一個重要的元素，用來表達音樂的情感張力和表現方式。力度通常以意大利詞彙標示，以指導演奏者或演唱者如何演奏或演唱音樂的音量變化。

以下是一些常見的力度符號和它們的含義：

1.強（forte）：表示要大聲演奏或唱歌。通常使用字母「f」表示。

2.弱（piano）：表示要輕聲演奏或唱歌。通常使用字母「p」表示。

3.中等（mezzo）：表示中等音量，介於強和弱之間。例如：mezzo forte（mf）表示中等大聲。

4.增強（crescendo）：表示音樂應該逐漸變大聲，通常以「<」 符號表示。

5.減弱（diminuendo 或 decrescendo）：表示音樂應該逐漸變小聲，通常以「>」符號表示。

6.強烈（forte fortissimo 或 fff）：表示非常大聲，比「強」更強烈。

7.極其弱（pianississimo 或 ppp）：表示非常輕聲，比「弱」更輕。

音樂家和歌手根據樂譜上的力度符號來調整音樂的音量呈現。這種變化可以增強音樂的表現效果，使之更具表現力和情感。力度強弱也有助於音樂的動態節奏和韻律，使音樂更加豐富多彩。

八、走停（Stop & Go）

音樂中「走」和「停」指的是音符（有聲）和休止符（無聲）的元素。

1.走（Notes）：走通常指的是音符的速度或節奏。不同的樂曲可以有不同的走，從非常緩慢的走到非常快速的走。

2.停（Pause 或 Rest）：停在音樂中指的是停止演奏或唱歌的時間段。音樂中的停是為了創造間隔和節奏感。不同長度的停（休止符）可以在樂譜上找到，如四分休止符、八分休止符等。休止符表示在該時段內不發出聲音，保持寂靜。

音樂家和歌手通常透過遵循樂譜上的走標記來控制演奏速度，同時也遵循休止符來確定何時停止演奏。這些元素在音樂中非常重要，它們有助於創造音樂的節奏和動態，使音樂變得生動有趣。

九、長短（Duration - Long & Short）

在音樂中「長短」通常指的是音符的持續時間或音符的時值。音符可以分為不同的時值，代表了它們持續響起的時間。典型的音符時值包括四分音符、八分音符、十六分音符等。例如，在 4／4 拍中，四分音符通常持續一拍的時間，而八分音符則持續半拍的時間。因此，音符的長短決定了音符的節奏，並在音樂中創建不同的節奏模式。

音符的長度：音符的長度可以由音樂符號和符頭的形狀來表示。長音符通常有空心符頭，而短音符通常有實心符頭和符尾，符尾越多代表音符越短暫。音樂家透過這些符號來辨認音符的長度，並按照指定長短來演奏。

音符的長短是音樂中一個重要的元素，它影響著音樂的節奏和時序。不同的音符時值和長度組合在一起，創造了多樣的節奏和音樂效果。

全音符		全休止符	
二分音符		二分休止符	
四分音符		四分休止符	
八分音符		八分休止符	
十六分音符		十六分休止符	

十、大小調（Major & Minor）

大小調在音樂理論中是指不同的音樂音階，它們具有不同的音感和情感表達。以下是大小調的概念性定義：

1. 大調（Major）：大調是一種音樂音階，它具有明亮、愉悅、積極的音樂情緒。在大調中，音階的結構通常包括一個大三度和一個純四度的音程。大調的音階通常以主音（Tonic）為基礎，並按照特定的音程結構排列音符。大調的音樂作品常常給人歡快和樂觀的感覺，因此常被用於表達愉悅和充滿活力的情感。

2. 小調（Minor）：小調是另一種音樂音階，它具有較為哀傷、深沉、內省的音樂情感；小調音階的特點是有一個小三度的音程，使得小調聽起來比較憂鬱。小調的音樂作品常用於表達哀愁、沉思和內心情感。

　　大小調在音樂中被廣泛使用，並根據作曲家的意圖和表達需求選擇使用哪一種調性。它們是音樂創作中表達情感和情感變化的重要工具。大小調的選擇可以深刻地影響音樂作品的情感和效果。

十一、協和不協和（Consonance & Dissonance）

　　在音樂理論中，協和（Consonance）和不協和（Dissonance）是用來描述不同音樂聲音的概念。

1. 協和（Consonance）：協和是指兩個或多個音符或音程的組合，聽起來和諧、穩定，並且不會引起聽眾的不適或不安。協和的音樂元素通常是音樂中的穩定和和諧部分，它們具有較低的音樂張力，並且在音樂中用於創建較平靜和愉悅的音樂情感。

2. 不協和（Dissonance）：不協和是指兩個或多個音符或音程的組合，聽起來不穩定、緊張，並且可能引起聽眾的不適或不安。不協和的音樂元素通常用於音樂中的高張力部分，它們創建了音樂中的衝突和緊張感。不協和的使用可以為音樂增添戲劇性和情感上的變化。

　　協和與不協和是音樂中的重要元素，作曲家使用它們來控制音樂的情感和表達。通常，音樂會在協和與不協和之間進行變換，以創建動態和吸引人的音樂體驗。這些概念也在和聲學習中起到關鍵作用，影響著音樂的和聲結構和發展。

參、音樂元素的教學方法

音樂元素的教學方法可以細分為四種主要方式，每種方式都在幼兒音樂教育中扮演著重要的角色。以下將更詳細地介紹這四種方式，以及它們的教學特點：

一、引起動機

引起動機是音樂教育中的第一步，它是啟發幼兒對音樂產生興趣和好奇心的起點。這個階段的目標是創建一個令幼兒感到好奇和興奮的學習環境，以促使他們積極參與音樂活動。一個成功的引起動機設計，可以說是成功的一半。以下是引起動機的一些重要特點和方法的說明：

1. 使用引人入勝的故事：故事對幼兒來說總是充滿魔力的。當幼兒發現音樂中包含著無盡的故事和樂趣時，他們會自然地投入聆聽音樂並感受其中豐富的元素。因此，以故事作為引導音樂元素活動的方式非常有效。音樂教師可以講述精彩的音樂故事，讓幼兒透過情節、角色和情感投入到音樂的世界中。這樣的故事可以激發幼兒的好奇心，使他們希望了解更多關於音樂的內容。

2. 圖像和視覺元素：利用視覺元素如圖畫、照片、影片等，教師可以展示音樂的視覺化部分。舉例來說，當要教幼兒力度概念時，教師可以展示大象和小老鼠的圖片以呈現大小的差異；當要教幼兒長度的概念時，可以展示長毛線和圓球；要教幼兒快慢的概念時，可以使用手偶，例如：兔子和烏龜，或者搖動汽球傘。要教導幼兒音色的概念，教師

3. 可以使用樂器圖卡，還可以引入音效樂器，如：鳥笛、風笛、雨柱、雷鳴管和海洋鼓等。這些輔助物品能夠提供視覺吸引力，在激發幼兒學習動機方面扮演著關鍵角色，因此建議教師養成隨時收集和製作輔助物品的習慣。

4. 戲劇角色扮演：戲劇角色扮演可以分為兩種：一種是由教師示範主導，另一種是鼓勵幼兒一同參與。例如，當要教幼兒高低的概念時，當音樂變高時，請幼兒扮演成小鳥飛向高處；當音樂變低時，請幼兒扮演成河馬在地上緩慢行走。這種角色扮演方式能夠讓幼兒更直觀地理解音樂中的概念，並讓他們享受互動的樂趣。

5. 多感官體驗：創造多感官的學習體驗，包括觸覺、聽覺、視覺等。這樣可以讓幼兒全身心地參與音樂活動，增加他們對音樂的感知和興趣。

　　引起動機是幼兒音樂活動教學中的第一步，這些不同的引起動機方法可以根據幼兒的興趣和學習風格來選擇，從而激發他們對音樂的熱情，為後續的音樂學習奠定堅實的基礎。透過引起動機的巧妙設計，可以啟發幼兒的好奇心，讓他們開始享受音樂的世界。

二、靜態活動方式

　　靜態活動方式旨在幫助幼兒熟悉音樂的曲調和元素，但我們需要確保這些活動有趣且引人入勝。以下提供一些不同的靜態活動方式：

1. 坐姿參與：幼兒通常以坐姿參與靜態音樂活動。這有助於創造一個較為集中的學習環境，使幼兒能夠專注於音樂元素的體驗和理解。

2. 學領袖遊戲：幼兒們圍坐在一起，當音樂開始時，教師按照音樂的節奏和速度，輕拍不同的身體部位，例如：拍手、拍肩、或踏踩地板。然後，幼兒模仿老師的動作，跟隨音樂的節奏進行動作。這個活動不僅幫助幼兒熟悉音樂，還可以增加他們對節奏和身體協調的認識。

3. 輔助物品：靜態音樂活動通常使用各種輔助物品，例如：伸縮帶、絲巾、圖卡、紙杯、塑膠袋等。這些物品可用於引導幼兒進行不同音樂元素的體驗。例如：伸縮帶可用來描繪不同音值變化，當長音出現拉長長；圖卡可用於展示不同樂器的變化。

4. 音樂圖畫：幼兒可以聆聽音樂，同時嘗試在紙上或畫板上繪畫他們在聽到音樂時所想像的圖畫。他們可以用顏色和線條來表現音樂的節奏、情感和變化。這不僅鼓勵了幼兒的藝術創造力，還使他們更加敏感地聆聽音樂。

5. 音樂尋找遊戲：教師可以在教室播放音樂並要求幼兒在聽到特定音樂元素時做出相應的反應。例如：當聽到高音時，幼兒可以舉起手臂，當聽到低音時，可以拍打地板。這個遊戲不僅有助於幼兒辨別音樂中的高低音，還能讓他們在遊戲中學習。

　　這些不同的靜態音樂活動方式可以根據幼兒的年齡和興趣來選擇，有助於培養他們的音樂感知和理解，同時讓學習過程更具娛樂性。透過這些活動，幼兒能夠建立對音樂的連結，提高他們的聽覺技能和音樂鑑賞能力。

三、動態活動方式

　　動態活動方式著重於肢體律動，幫助幼兒感受音樂的節奏、韻律和情感。這種方式鼓勵幼兒以身體動作來表達音樂，例如跳舞、搖晃或拍手。透過做中學讓他們更深入地理解音樂的情感表達。以下是動態活動方式的說明：

1. 身體自由舞動：在一個開放的空間中，播放音樂，讓幼兒自由地跳舞和舞動。不給予具體的指導語，鼓勵他們根據音樂的節奏和情感表現出自發性的創意。這個活動有助於培養幼兒的自主性和創造力，同時也可以觀察他們的自發性音樂感知能力。

2. 模仿律動：當幼兒難以自由表達時，教師可以示範一些簡單的律動，並要求幼兒模仿。這有助於幼兒開始理解音樂的節奏和韻律，同時建立對音樂動作的認識，進而激發幼兒自主的創意。

3. 輔助物品舞動：教師可提供各種輔助物品，讓幼兒根據音樂的節奏和情感來進行舞動。例如：當聽到高音時，幼兒可以高高舉起五彩的絲巾，而在聽到低音時，可以低低地搖動絲巾。當音樂變得強烈時，可以使用象徵力強的大象道具來引導幼兒做出強有力的動作；當音樂變得柔和時，可使用象徵輕盈的老鼠道具來引導幼兒表現輕巧的動作。

4.合作和互動：在動態音樂活動中，設計讓幼兒有機會與他人合作和互動的活動。他們可以一起跳舞或進行肢體動作，這有助於建立團隊合作和社交技能。

5.音樂瞬間凍結遊戲：教師播放音樂，幼兒在音樂播放時自由舞動，但當音樂突然停止時，他們必須立即凍結在原地。這個遊戲不僅有助於幼兒對音樂的節奏感有更好的掌握，還促進了反應速度和協調性。

這些不同的動態音樂活動方式可以根據幼兒的發展階段和能力來調整，有助於幼兒透過肢體律動來深入體驗和理解音樂。透過這些活動，幼兒不僅能夠享受音樂，還可以培養自己的音樂表達和韻律感。

四、樂器演奏活動方式

樂器演奏是一種極富教育價值的音樂活動，尤其對於幼兒來說，敲打或玩奏樂器是一種有趣的方式來感受音樂。以下提供一些不同的樂器演奏活動方式：

1.靜態樂器演奏：靜態樂器演奏是以坐姿的方式，讓幼兒接觸各種樂器，例如：沙鈴、小鈴、手鼓等。教師可以根據不同的音樂元素引導幼兒演奏這些樂器。例如：要教授拍子，可以引導幼兒隨著樂曲的穩定節奏使用樂器進行敲打、拍打、敲擊、搖晃或彈奏。這有助於幼兒理解音樂的節奏性和基本的打擊技巧。

2.動態樂器演奏：動態樂器演奏讓幼兒以移動態方式使用各種樂器。教師可以根據音樂的不同元素引導幼兒演奏樂器。例如：要教授快慢的

概念，可以引導幼兒隨著音樂的不同節奏和速度來演奏樂器。當音樂快節奏時，幼兒可以跑步方式快速演奏樂器；當音樂變慢時，也可以放緩腳步，慢慢地玩奏樂器。這有助於幼兒體驗音樂的節奏變化，同時提高他們的協調和節奏感。

這些樂器演奏活動方式不僅讓幼兒享受音樂，還有助於他們發展音樂技能、節奏感和肢體協調能力。透過這些互動和實踐，幼兒能夠更佳的理解音樂的元素，同時培養自己的音樂表現能力，讓音樂教育變得更有趣且有深度。

需要注意的是，教師可以靈活地選擇不同的教學方式，以適應不同的學習情境和幼兒的需求。這種多樣性的教學方法可以使幼兒的音樂教育更加豐富有趣且彈性，同時也提供了個人化的學習體驗。

這四種教學方式的結合使得音樂元素教學更加豐富多彩，同時也符合幼兒學習的需求。透過不同形式多次使用相同的曲目，幼兒不僅能夠不斷地加深對音樂的理解，還能夠在不同的活動中體驗音樂，增強學習的自信心和成就感。這種多元化的教學方法不僅豐富了幼兒的音樂教育體驗，還培養了他們的音樂感知能力，並激發了對音樂的持久興趣。因此，教師在幼兒音樂教育中可以靈活運用這些方法，以促進幼兒的全面音樂發展。

肆、全幼兒音樂教育模式的音樂編曲安排

全幼兒音樂教育模式的音樂編曲安排是專為幼兒音樂啟蒙而設計，這些安排可以幫助幼兒更容易感受、理解和參與音樂活動，為未來的正式音樂學習打下基礎，同時也提供給指導者一個清楚簡易執行的模式。在這個音樂教育模式中，大部分的對比性音樂元素都會被安排成四個固定部分，包括前奏（8拍）、主旋律（對比元素A）、轉銜線索（Cue）、主旋律（對比元素B）、轉銜線索（Cue）、再回到主旋律。以下是這些部分的具體解釋和理由：

一、前奏8拍

前奏是音樂作品最初的一段，通常是以純音樂或節奏形式開始。在全幼兒音樂教育模式中，前奏的作用是讓幼兒暖身預告進入音樂的氛圍。這段時間幼兒可以放鬆身體，將注意力集中在即將開始的音樂活動上。對於老師，前導8拍可以清楚的給幼兒明確的開始指導語進入主旋律活動。

二、主旋律的對比元素A

對比性元素A是音樂作品中的主旋律部分，這部分在音樂中佔據主導地位，是最主要的旋律。通常是樂曲的核心，也是最容易被聽眾記住和辨識的部分。對比性元素A在音樂的結構中有著重要的作用，它可以帶領聽眾進入音樂的世界，引導情感的發展和變化。在音樂教育中，對比性元素A通常是學習和創作的重點，幼兒可以透過玩奏樂器或肢體律動，培養音樂感知和表達能力，同時也增加對音樂的興趣和愛好。因此，在全幼兒音樂

教育模式中，對比性元素 A 的設計和安排至關重要，它是引導幼兒進入音樂學習的重要途徑之一。

三、轉銜線索（Cue）

轉銜線索是在二個對比元素之間穿插的一個線索，它的目的是提醒幼兒準備進入下一個對比元素，給予幼兒一個預告的準備。這樣的安排可以幫助幼兒有時間適應音樂的變化，不會感到突兀或不適應，也可以藉由線索的聲音安排提高幼兒的注意力。

四、主旋律的對比元素 B

這個部分是音樂作品的第二個對比元素，通常和主旋律對比元素 A 有極端的差異。這樣的編曲安排可以引導幼兒進入當天的第二個對比性元素音樂，再次增加音樂的變化和豐富性。例如：對比元素 A 如果是高；對比元素 B 則會是低。

透過這樣的音樂編曲安排，全幼兒音樂教育模式可以幫助幼兒更容易理解音樂的結構和變化，並讓他們在音樂的刺激下快樂地學習和成長。這種音樂教育模式不僅豐富了幼兒的音樂體驗，還能促進他們的非音樂領域，像是：認知、肢體和語言發展，提高他們的學習興趣和主動參與度。因此，全幼兒音樂教育模式在幼兒教育中的應用具有重要的意義。

此外，值得特別強調的是，拍子和節奏雖然不屬於對比性的音樂元素，但是也會運用轉銜線索（Cue）來區分不同段落，這樣的做法背後有其設計之考量：

1. 就拍子而言，透過轉銜線索的運用，原曲被細分成各個段落，這不僅使幼兒能夠在不同段落中體驗多樣的活動方式，同時也在段落之間巧妙地加入了轉銜休息，避免整首音樂過於單調而造成疲勞。這種方法以另一種形式成功實現了動靜交替的效果，為音樂增添了更多變化。

2. 至於節奏方面，其目的與拍子的安排相類似，在全幼兒音樂教育中，節奏型音樂的目標是透過相同的節奏型貫穿整首曲目，從而使幼兒能夠持續地進行學習和記憶。在這種結構下，結合語言的說白節奏變得尤為重要，因為每一個段落都可以選用不同內容的詞語來進行替換，這種結合了旋律、節奏和語言元素的方式使幼兒更容易進行學習和記憶。

五、對比元素的結尾安排

在全幼兒音樂教育模式中，音樂編曲的安排不僅涉及音樂認知的學習，更是全方位的考量，特別關注於確保所有活動在結尾時能夠達到幼兒的收心效果。為實現這一目標，以下是對比元素的安排策略。

1. 高低：在音樂活動的結尾，通常選擇低音來進行收尾。這樣的對比元素運用除了能夠營造出一種平靜的氛圍，使幼兒在音樂的落幕時能夠逐漸平靜下來，有助於安撫他們的情緒，通常肢體動作也會呈現低下的狀態，利於收心。

2. 快慢：以慢速的節奏作為音樂活動的結束，能夠緩慢地引導幼兒進入結束階段，不至於處於快速的亢奮狀態，讓他們能夠平穩地轉換回復正常的狀態。

3. 長短：在音樂結束時選擇較長的音符或音段，有助於創造一種持久的效果，讓幼兒有時間適應活動的結束。

4. 走停：透過在音樂結尾時進行停頓，創造一種中斷的效果，使幼兒能夠意識到音樂活動即將結束，並準備進入下一個階段。

5. 強弱：選擇小聲的結束方式，能夠逐漸降低音量，使音樂逐漸淡出，同時為幼兒提供一個溫和的結束體驗。

6. 大小調：以大調結束，創造積極的結束感，有助於幼兒在音樂活動中培養愉快的情感體驗，同時期待下次的課程。

7. 協和與不協和：以協和收尾，可以從混亂中帶回和諧狀態，以利於下一個活動的進行。

這些對比元素的結尾安排策略，不僅有助於引導幼兒在音樂活動結束時平穩過渡，還能夠增強他們的感知和情感體驗。透過這樣的音樂編曲設計，全幼兒音樂教育模式確保了活動結束的流暢性，同時也促進了幼兒對音樂的理解和欣賞。

第二部 音樂元素的教學教案

理解音樂的各種元素對於提升嬰幼兒的基本音樂感知能力至關重要。然而，嬰幼兒的身心發展在不同階段有著顯著的差異，因此必須根據他們的年齡和發展階段選擇適當的教學方法和內容，否則教學將事倍功半。以下將分為四個部分詳細介紹如何在不同年齡階段教授本書創作音樂曲目：

壹、產前胎教

在胎兒發展的早期階段，音樂是一種潛在的教育工具。準媽媽可以透過聆聽音樂，將音樂元素如旋律、節奏和情感帶給未出生的寶寶。音樂有助於啟發胎兒的聽覺感知，並建立對聲音的基本感受。這個階段的目標是營造一個音樂的環境，使胎兒能夠感受到音樂的效應。

產前胎教是指在胎兒尚未出生之前，透過一系列的音樂、語言、情感和感官刺激，旨在促進胎兒的全面發展。這個早期的教育過程可以從孕期的中後期開始，直到嬰兒出生。

一、音樂的重要性

音樂在產前胎教中佔據著核心地位。胎兒在子宮中已能感受到聲音的振動，並對音樂元素如節奏、旋律和音調產生反應。播放柔和、愉悅的音樂可以創造一個富有情感的環境，有助於促進胎兒的感知和情感發展。

二、早期的音樂感知

研究表明，胎兒在子宮中已經能夠區分不同頻率的聲音，並在出生前的幾個月內開始對聲音作出回應。這意味著，透過播放音樂，未出生的寶

寶可以在母體內建立對音樂的早期感知，這對於將來的音樂教育和發展相當重要。

三、情感聯繫

產前胎教通常包括父母親在孕期中與胎兒建立情感聯繫的活動。這可以透過唱歌、輕輕摩擦母體、講故事或與胎兒對話來實現。音樂在這一過程中起著關鍵作用，它有助於促進父母和胎兒之間的親密連結。

四、語言發展

除了音樂元素，語言也是產前胎教中的重要一環。學習語言需要對聲音和語調的敏感性，這可以透過語言互動和音樂活動來培養。父母可以透過與胎兒說話或唱歌，為其語言發展奠定基礎。

五、放鬆和減壓

產前胎教也強調母親在孕期中的放鬆和減壓。聆聽輕柔的音樂或參與多元的音樂活動有助於減輕懷孕期間的壓力，調節孕婦的情緒狀態，對胎兒的發展也有正面影響。

因此，產前胎教是一個綜合性的教育方法，它透過音樂、語言、情感互動和感官刺激，致力於促進胎兒的全面發展。這種教育不僅對胎兒的音樂感知能力和語言發展有益，還有助於建立親子聯繫和減輕孕期壓力。因此，給予產前胎教足夠的關注和重視，對未來的寶寶的發展和幸福感具有深遠的影響。

六、本書創作音樂 CD I、II、III、IV 之教案

(一) 拍子（Steady Beat）

CD-I：

1. 行走的木偶（Walking marionettes）- 拍子（Steady Beat）

   10 個 4*8 拍

2. 行軍（Marching）- 拍子（Steady Beat）

   7 個 4*8 拍

CD-II：

1. 晨曦之歌（Morning song）- 拍子（Steady Beat）

   10 個 4*8 拍

2. 攀爬山頂（Climbing mountains）- 拍子（Steady Beat）

   7 個 4*8 拍

CD-III：

1. 行進遊戲（The marching game）- 拍子（Steady Beat）

   9 個 4*8 拍

2. 小警巡邏（Little police patrol）- 拍子（Steady Beat）

   9 個 4*8 拍

● 活動目標：

➢ 美感：透過音樂與樂器的配合，協助準媽媽與寶寶感受音樂中的穩定

拍。

➤ 社會：協助準媽媽透過音樂，與寶寶做互動。

● 活動過程：

1. 第一次教學者先帶領準媽媽／準爸爸欣賞音樂，並熟悉前奏 8 拍與段落間之 Cue（線索）：

    前奏 8 拍：5, 6, 7, 8, 準備開始

    Cue：休息一下，準備開始

2. 第二次教學者播放音樂，請準媽媽／準爸爸一邊欣賞音樂，並跟隨音樂做出拍手的動作。

3. 第三次教學者播放音樂，請準媽媽跟隨音樂用腳踩踏拍子。

4. 第四次加入樂器（手鼓），請準媽媽／準爸爸先拍打手鼓，並告訴寶寶：「這是手鼓」，隨後播放音樂，配合拍子拍打手鼓。

● 教學資源：手鼓

(二) 節奏（Rhythm）

CD-I：3. 歡喜節奏樂（Happy rhythm）- 節奏（Rhythm）

11 個 4*8 拍　｜X XX　X XX｜X X X－｜

小白狗　小白狗　汪汪汪
小花貓　小花貓　喵喵喵
小綿羊　小綿羊　咩咩咩
小乳牛　小乳牛　哞哞哞

前奏：5, 6, 7, 8 準備開始

Cue：休息一下　換 OOO（下一個動物）

CD-II：3. 音符探戈（Musical tango）- 節奏（Rhythm）

10 個 4*8 拍　│X ‧ X XX XX │ X ‧ X X X │
　　　　　　　我　會這樣拍拍　我　會拍拍
　　　　　　　我　會這樣點點　我　會點點
　　　　　　　我　會這樣踏踏　我　會踏踏

前奏：5, 6, 7, 8 準備開始

Cue：5, 6, 7, 8 現在換 OO

CD-III：3. 暖身操（Warm-up exercises）- 節奏（Rhythm）

8 個 4*8 拍　│ X X XX X │
　　　　　　　頭兒拍一拍
　　　　　　　耳朵拉一拉
　　　　　　　鼻子點一點
　　　　　　　臉頰摸一摸
　　　　　　　眉毛畫一畫

前奏：5, 6, 7, 8 準備開始

Cue：5, 6, 7, 8 現在換 O O（身體部位）

● 活動目標：

➢ 美感：透過音樂與樂器的配合，協助準媽媽與寶寶感受音樂中的固定節
奏型。

➢ 社會：協助準媽媽透過音樂，與寶寶做互動。

● 活動過程：

1.第一次教學者先帶領準媽媽／準爸爸欣賞音樂，並熟悉前奏 8 拍與段
落間之 Cue（線索）：

前奏 8 拍：5, 6, 7, 8, 準備開始

Cue：休息一下，現在換 OO

2.第二次教學者播放音樂，請準媽媽／準爸爸一邊欣賞音樂，並跟隨音樂的固定節奏型做出踏腳的動作。

3.第三次教學者播放音樂，請準媽媽／準爸爸一邊欣賞音樂，並跟隨音樂的固定節奏型輕拍肚子。

4.第四次加入樂器（響板），請準媽媽／準爸爸先拍打響板，並告訴寶寶：「這是響板」，隨後播放音樂，配合節奏拍打響板。

● 教學資源：響板

(三) 快慢（Tempo - Fast & Slow）

CD-I：

4. 旋轉木馬（Carousel）- 快慢（Fast & Slow）

　　4 個快慢 4*8 拍

5. 獵豹與蝸牛（Cheetah and snail）- 快慢（Fast & Slow）

　　6 個快慢 4*8 拍

CD-II：

4. 搖擺與飛行（Swinging & flying）- 快慢（Fast & Slow）

　　5 個快慢 4*8 拍

5. 兒童樂園（Children's paradise）- 快慢（Fast & Slow）

　　4 個快慢 4*8 拍

CD-III：

4. 烏龜與白兔（Turtle & rabbit）- 快慢（Fast & Slow）

　　4 個快慢 4*8 拍

5. 洗洗洗（Wash & wash）- 快慢（Fast & Slow）

　　4 個快慢 4*8 拍

● 活動目標：

➢ 美感：透過音樂與樂器的配合，協助準媽媽與寶寶感受音樂中的快慢速度。

➢ 社會：協助準媽媽透過音樂，與寶寶做互動。

● 活動過程：

1. 第一次教學者先帶領準媽媽／準爸爸欣賞音樂，並熟悉前奏 8 拍與段落間之 Cue（線索）：

　　前奏 8 拍：5, 6, 7, 8, 準備開始

　　Cue：休息一下，準備變快／慢

2. 第二次教學者播放音樂，請準媽媽／準爸爸一邊欣賞音樂，並當音樂為快時，用雙手手指快快的點肚子；當音樂為慢時，則用雙手手慢慢的按摸肚子。

3. 第三次教學者播放音樂，請準媽媽／準爸爸一邊欣賞音樂，並當音樂為快時，用雙手快快的拍肚子；當音樂為慢時，則用雙手慢慢的拍肚子。

4.第四次加入樂器（鈴鼓），請準媽媽／準爸爸先拍打和搖晃鈴鼓，並
告訴寶寶：「這是鈴鼓」，隨後播放音樂當音樂為快時，快速的搖晃鈴
鼓；當音樂為慢時，則用慢慢的拍打鈴鼓。

● 教學資源：鈴鼓

（四）高低（Pitch - High & Low）

CD-I：

6. 飛翔的小鳥與行走的大熊（Flying bird and walking bear）- 高低（High
& Low）

　　4 個高低 4*8 拍

7. 鴿子與鱷魚（Pigeon and alligator）- 高低（High & Low）

　　5 個高低 4*8 拍

CD-II：

6. 彈跳小魔豆（Bouncing little magic beans）- 高低（High & Low）

　　5 個高低 4*8 拍

7. 舞蹈表演（Dance performance）- 高低（High & Low）

　　3 個高低 4*8 拍

CD-III：

6. 地下道與天空（Tunnel & sky）- 高低（High & Low）

　　4 個低高 4*8 拍+低

7. 河馬與小鳥（Hippo & little bird）- 高低（High & Low）

　　4 個低高 4*8 拍+低

● 活動目標：

➢ 美感：透過音樂與樂器的配合，協助準媽媽與寶寶感受音樂中的高低旋律。

➢ 社會：協助準媽媽透過音樂，與寶寶做互動。

● 活動過程：

1. 第一次教學者先帶領準媽媽／準爸爸欣賞音樂，並熟悉前奏 8 拍與段落間之 Cue（線索）：

　　前奏 8 拍：5, 6, 7, 8, 準備開始

　　Cue：休息一下，準備變高／低

2. 第二次教學者播放音樂，請準媽媽／準爸爸一邊欣賞音樂，並當音樂為高時，請準媽媽／準爸爸將雙手舉高，當音樂為低時，請準媽媽／準爸爸將雙手放置地上。

3. 第三次教學者播放音樂，請準媽媽／準爸爸一邊欣賞音樂，並當音樂為高時，請準媽媽／準爸爸用手指點點頭，當音樂為低時，請準媽媽／準爸爸用手指按按腳趾頭。

4. 第四次加入樂器（大鼓、三角鐵），請準媽媽／準爸爸打大鼓，並告訴寶寶：「這低低的聲音是大鼓」，再請準媽媽／準爸爸敲三角鐵，並告訴寶寶：「這高高的聲音是三角鐵」。

5.第五次請教學者播放音樂，準媽媽／準爸爸一邊欣賞音樂，並當音樂

　為高時，請準媽媽／準爸爸敲三角鐵，當音樂為低時打大鼓。

● 教學資源：大鼓、三角鐵

(五) 走停（Stop & Go）

CD-I：

8. 玩具車遊行（Toy car parade）- 走停（Stop & Go）

　　7 個走停 4*8 拍

9. 過馬路（Crossing the road）- 走停（Stop & Go）

　　7 個走停 4*8 拍

CD-II：

10. 平交道（Street crossing）- 走停（Stop & Go）

　　8 個走停 4*8 拍

11. 扮鬼臉（Make a silly face）- 走停（Stop & Go）

　　8 個走停 4*8 拍

CD-III：

9. 123 木頭人（One two three, freeze）- 走停（Stop & Go）

　　9 個走停 4*8 拍

10. 走路與停頓（Walk & freeze）- 走停（Stop & Go）

　　8 個走停 4*8 拍

壹、產前胎教

● 活動目標：

➤ 美感：透過音樂與樂器的配合，協助準媽媽與寶寶感受音樂中的有聲（走）與無聲（停）。

➤ 社會：協助準媽媽透過音樂，與寶寶做互動。

● 活動過程：

1.第一次教學者先帶領準媽媽／準爸爸欣賞音樂，並熟悉前奏 8 拍與段落間之 Cue（線索）：

前奏 8 拍：5, 6, 7, 8, 準備開始

Cue：休息一下，準備停囉！

2.第二次教學者播放音樂，請準媽媽／準爸爸一邊欣賞音樂，並當有音樂時，請準媽媽／準爸爸按壓肚子，當音樂停止時，請準媽媽／準爸爸停止動作，並告訴寶寶：「噓！」。

3.第三次請準媽媽／準爸爸一邊欣賞音樂，並當有音樂時，請準媽媽站起來走動，當音樂停止時，請準媽媽／準爸爸停止動作，並告訴寶寶：「噓！」。

4.第四次加入樂器（手搖鈴），請準媽媽／準爸爸搖手搖鈴告訴寶寶：「這是手搖鈴」，隨後放音樂，當有音樂時，請準媽媽／準爸爸搖手搖鈴，當音樂停止時，請準媽媽／準爸爸停止動作，並告訴寶寶：「噓！」。

● 教學資源：手搖鈴

(六) 長短 （Duration - Long & Short）

CD-I：

10. 模仿（Copy cat）- 長短（Long & Short）

    3 個長短 4*8 拍+長

11. 彩帶（Colourful ribbon）- 長短（Long & Short）

    3 個長短 4*8 拍+長

CD-II：

8. 大象與袋鼠（Elephant & kangaroo）- 長短（Long & Short）

    3 個長短 4*8 拍+長

9. 麥芽糖與爆米花（Maltose & popcorn）- 長短（Long & Short）

    4 個長短 4*8 拍+長

CD-III：

8. 伸展與跳躍（Stretching & jumping）- 長短（Long & Short）

    3 個長短 4*8 拍+長

● 活動目標：

➢ 美感：透過音樂與樂器的配合，協助準媽媽與寶寶感受音樂中的長短音符。

➢ 社會：協助準媽媽透過音樂，與寶寶做互動。

● 活動過程：

1. 第一次教學者先帶領準媽媽／準爸爸欣賞音樂，並熟悉前奏 8 拍與段落間之 Cue（線索）：

    前奏 8 拍：5, 6, 7, 8, 準備開始

    Cue：休息一下，準備變短／長

2. 第二次教學者播放音樂，請準媽媽／準爸爸一邊欣賞音樂，並當音樂為長時，請準媽媽／準爸爸從肚子的上方摸至下方，當音樂為短時，請準媽媽／準爸爸用雙手手指點肚子。

3. 第三次教學者播放音樂，請準媽媽／準爸爸一邊欣賞音樂，並當音樂為長時，請準媽媽／準爸爸從肚子的右側摸至左側，當音樂為短時，請準媽媽／準爸爸用雙手輕拍肚子。

4. 第四次加入樂器（碰鐘、響棒），請準媽媽／準爸爸敲碰鐘，並告訴寶寶：「這長長聲音是碰鐘」，再請準媽媽／準爸爸敲響棒，並告訴寶寶：「這短短的聲音是響棒」。

5. 第五次請教學者播放音樂，準媽媽／準爸爸一邊欣賞音樂，並當音樂為長時，請準媽媽／準爸爸敲碰鐘，當音樂為短時，請準媽媽／準爸爸敲響棒。

● 教學資源：碰鐘、響棒

(七) 力度—強弱（Dynamics - Loud & Soft）

CD-I：

12. 喊叫與竊竊私語（Shouting & whispering）- 強弱（Loud & Soft）

　　5 個大小 4*8 拍

CD-II：

12. 大腳丫與小腳丫（Big & small feet）- 強弱（Loud & Soft）

　　5 個大小 4*8 拍

13. 搖籃曲與暴雷（Lullaby & thunderstorm）- 強弱（Loud & Soft）

　　5 個大小 4*8 拍

CD-III：

11. 大巨人與小精靈（Giant & fairy）- 強弱（Loud & Soft）

　　4 個大小 4*8 拍

● 活動目標：

➤ 美感：透過音樂與樂器配合，協助準媽媽與寶寶感受音樂中力度強弱。

➤ 社會：協助準媽媽透過音樂，與寶寶做互動。

● 活動過程：

1. 第一次教學者先帶領準媽媽／準爸爸欣賞音樂，並熟悉前奏 8 拍與段

　落間之 Cue（線索）：

　　前奏 8 拍：5, 6, 7, 8, 準備開始

　　Cue：休息一下，準備變小／大

2.第二次教學者播放音樂，請準媽媽／準爸爸一邊欣賞音樂，並當音樂為大時，用雙手重拍；當音樂為小時，則用雙手輕拍。

3.第三次教學者播放音樂，請準媽媽／準爸爸一邊欣賞音樂，並當音樂為大時，用雙腳重踏；當音樂為小時，則用雙腳輕踩。

4.第四次加入樂器（小鼓），請準媽媽／準爸爸先拍打小鼓，並告訴寶寶：「這是小鼓」，隨後播放音樂當音樂為大時，用力拍打小鼓；當音樂為小時，輕輕的拍打小鼓。

● 教學資源：小鼓

(八) 曲式

CD-I：

13. 新派對歌（New party music）- ABA 曲式（AB A Form）
    A-B-A-B-A

● 活動目標：

➤ 美感：透過音樂與樂器配合，協助準媽媽與寶寶感受音樂 AB 兩段曲式。

➤ 社會：協助準媽媽透過音樂，與寶寶做互動。

● 活動過程：

1.第一次教學者先帶領準媽媽／準爸爸欣賞音樂，並熟悉前奏 8 拍與段落間之 Cue（線索）：

前奏 8 拍：5, 6, 7, 8, 準備開始

Cue：休息一下，準備變囉！

2.第二次教學者播放音樂，請準媽媽／準爸爸一邊欣賞音樂，當 A 段音樂出現時，拍打雙手；當 B 段音樂出現時，則上下點頭搖晃身體；當 A 段音樂再度出現時，回到拍打雙手。

3.第三次教學者播放音樂，請準媽媽／準爸爸一邊欣賞音樂，當 A 段音樂出現時，起身走動；當 B 段音樂出現時，則坐下左右搖擺身體；當 A 段音樂再度出現時，回到起身走動。

4.第四次加入樂器（沙鈴和刮弧），請準媽媽／準爸爸先玩奏樂器，並告訴寶寶：「這是沙鈴」、「這是刮弧」，當 A 段音樂出現時，搖沙鈴；當 B 段音樂出現時，刮刮弧；當 A 段音樂再度出現時，回到搖沙鈴。

● 教學資源：沙鈴、刮弧

(九) 音色

CD-I：

14. 音樂盒（Music box）- 音色（Timbre）

　　音色：鋼琴→吉他→管風琴→小喇叭→薩克斯風→鋼琴→鋼琴→小喇叭→吉他→管風琴→小喇叭→鋼琴

● 活動目標：

➢ 美感：透過音樂與樂器的配合，協助準媽媽與寶寶感受音樂中的不同樂器音色。

➢ 社會：協助準媽媽透過音樂，與寶寶做互動。

● 活動過程：

1.前奏 8 拍：引導準媽媽／準爸爸準備進入主旋律的第一個樂器—鋼琴。

2.引導準媽媽／準爸爸做出各種樂器的彈奏方式，當他們聽到該樂器演奏時。

8 拍*3 次：鋼琴
8 拍*3 次：吉他
8 拍*3 次：管風琴
8 拍*3 次：小喇叭
8 拍*3 次：薩克斯風
8 拍*3 次：鋼琴
8 拍*3 次：鋼琴
8 拍*3 次：小喇叭
8 拍*3 次：吉他
8 拍*3 次：吉他
8 拍*3 次：管風琴
8 拍*3 次：小喇叭
8 拍*3 次：鋼琴

3.第二次教學者播放音樂，請準媽媽／準爸爸只有在鋼琴出現時才做出彈奏的動作，其他時間只有擺動身體。

(十) 舒緩

CD-I：

15. 彩虹之美（The beauty of the rainbow）- 舒緩

16. 鄉間漫步（Moseying in the countryside）- 舒緩

CD-II：

15. 愛的呢喃（Romantic love）- 舒緩

16. 風之詩篇（Poem of the wind）- 舒緩

CD-III：

14. 秋分來臨（Autumn equinox）- 舒緩

15. 海洋之美（The beauty of the ocean）- 舒緩

16. 森林之歌（Forest song）- 舒緩

CD-IV：

1. 心靈釋放的卡農（Canon of soul liberation）- 舒緩

2. 公主之夢（Princess dreams）- 舒緩

3. 童話天地（Fairy-tale land）- 舒緩

4. 玩魔術（Playing magic tricks）- 舒緩

5. 青梅竹馬（Childhood sweetheart）- 舒緩

6. 星星之光（Starlight）- 舒緩

7. 秘密花園（The secret garden）- 舒緩

8. 美妙之旅（Wonderful journey）- 舒緩

9. 翻轉人生（Life transformation）- 舒緩

10. 熱愛大自然（Passion for nature）- 舒緩

11. 幻想境界（Fantasy realm）- 舒緩

12. 冰天雪地（Icy wilderness）- 舒緩

13. 環遊世界（Traveling around the world）- 舒緩

14. 思鄉之遊子（The homesick wanderer）- 舒緩

15. 碧海藍天（Blue sea & sky）- 舒緩

16. 遊樂園（Amusement park）- 舒緩

● 活動目標：

➢ 美感：感受柔和的音樂旋律。

➢ 情緒：

1.透過音樂穩定情緒。

2.配合準媽媽的輕拍動作，讓寶寶有安全幸福的感覺。

3.身體健康與動作：藉由準媽媽的按摩動作，促進寶寶身體部位的敏覺性。

4.社會：培養準媽媽與寶寶的社會互動與依附關係。

● 活動過程：

1.請準媽媽以最舒適的姿勢聽音樂。

2.讓準媽媽一邊聽音樂一邊按摩肚子。

貳、0 歲寶寶

音樂元素的教導對 0 歲寶寶有著許多積極的影響和重要意義。儘管嬰兒可能尚無法言語表達，但他們對音樂和聲音非常敏感，因此音樂可以成為促進嬰兒感知、情感和發展的重要工具。以下是音樂元素教導對嬰兒的影響和意義：

一、情感表達與情感發展

音樂可以傳達情感，透過旋律、節奏和音調表達喜怒哀樂。引導嬰兒接觸不同類型的音樂，可以幫助他們了解和表達情感，促進情感發展。

二、感官發展

音樂能夠刺激嬰兒的聽覺系統，幫助他們發展聽覺技能。不同的音樂元素，如高音和低音、快節奏和慢節奏，可以幫助嬰兒識別和區分聲音。

三、語言發展

早期接觸音樂可以促進語言發展。透過歌曲和韻律，嬰兒可以學習語音和語調的模式，這對於以後的語言習得非常重要。

四、社交互動

音樂可以成為家庭親子互動的媒介。共同欣賞音樂可以促進家庭成員之間的互動，增進親子關係。

五、安撫和舒緩

柔和的音樂和聲音可以幫助嬰兒安撫，緩解不適或焦慮，有助於更好地入睡和放鬆。

六、動作協調

嬰兒可以透過音樂的節奏和節拍來練習動作協調性，這對於以後的身體發展非常重要。

七、創造力和想像力

音樂可以激發嬰兒的創造力和想像力。透過音樂，他們可以構建自己的故事和情感體驗與感知。

因此，音樂元素的教導對 0 歲的嬰兒的影響遠遠不止於音樂本身。它可以促進綜合發展，包括情感、感知、社交和認知領域。因此，透過在家庭和早期教育中引入音樂，可以為嬰兒提供一個更加豐富和有益的成長環境。

八、本書創作音樂 CD I、II、III、IV 之教案

(一) 拍子（Steady Beat）

CD-I：

1. 行走的木偶（Walking marionettes）- 拍子（Steady Beat）

   10 個 4*8 拍

2. 行軍（Marching）- 拍子（Steady Beat）

   7 個 4*8 拍

CD-II：

1. 晨曦之歌（Morning song）- 拍子（Steady Beat）

   10 個 4*8 拍

2. 攀爬山頂（Climbing mountains）- 拍子（Steady Beat）

　　7 個 4*8 拍

CD-III：

1. 行進遊戲（The marching game）- 拍子（Steady Beat）

　　9 個 4*8 拍

2. 小警巡邏（Little police patrol）- 拍子（Steady Beat）

　　9 個 4*8 拍

● 活動目標：

➤ 美感：引導照顧者與寶寶感受音樂中的穩定拍。

➤ 社會：協助照顧者透過音樂，與寶寶發展互動關係。

➤ 身體動作與健康：透過不同的音樂活動型式，引導寶寶的肢體動作。

➤ 情緒：透過不同的音樂元素，引導寶寶情緒感受。

● 活動過程：

1.第一次教學者先帶領照顧者欣賞音樂，並熟悉前奏 8 拍與段落間之

　Cue（線索）：

　　前奏 8 拍：5, 6, 7, 8, 準備開始

　　Cue：休息一下，準備開始

2.第二次教學者播放音樂，請照顧者帶領寶寶一邊欣賞音樂，並跟隨音

　樂拍子拍打寶寶的四肢。

3.第三次教學者播放音樂，請照顧者跟隨音樂拍子拍打寶寶的腳。

4.第四次教學者播放音樂，請照顧者跟隨音樂用點點寶寶的肚子，引導寶寶感受聆聽音樂時的感受。

5.第五次加入樂器（木魚），請照顧者先告訴寶寶：「這是木魚，你聽聽看木魚的聲音」，隨後播放音樂敲打木魚。

● 備註：

1.還不會爬，只能抱：照顧者將寶寶躺放在軟墊上或抱起來，進行上述活動。

2.已經會爬：照顧者將寶寶放至腿上，進行上述活動。

3.已經會站：照顧者讓寶寶站著，進行上述活動。

● 教學資源：木魚

(二) 節奏（Rhythm）

CD-I：3. 歡喜節奏樂（Happy rhythm）- 節奏（Rhythm）

　　11 個 4*8 拍　│ X XX　X XX │ X X X－ │

CD-II：3. 音符探戈（Musical tango）- 節奏（Rhythm）

　　10 個 4*8 拍　│ X · X XX XX │ X · X X X │

CD-III：3. 暖身操（Warm-up exercises）- 節奏（Rhythm）

　　8 個 4*8 拍　│ X X XX X │

● 活動目標：

➤ 美感：引導照顧者與寶寶感受音樂中的節奏型。

➤ 社會：協助照顧者透過音樂，與寶寶發展互動關係。

➤ 身體動作與健康：透過不同的音樂活動型式，引導寶寶的肢體動作。

➤ 情緒：透過不同的音樂節奏，引導寶寶情緒感受。

● 活動過程：

1.第一次教學者先帶領照顧者欣賞音樂，並熟悉前奏 8 拍與段落間之 Cue（線索）：

　前奏 8 拍：5, 6, 7, 8, 準備開始

　Cue：休息一下，準備開始

2.第二次教學者播放音樂，請照顧者帶領寶寶一邊欣賞音樂，並跟隨音樂節奏拍打寶寶的四肢。

3.第三次教學者請照顧者跟隨音樂節奏輕按寶寶的四肢。

4.第四次加入樂器（響板），請照顧者先拍打響板，並告訴寶寶：「這是響板」，隨後播放音樂，請照顧者配合節奏拍打響板。

5.曲目節奏型參考：

CD-I：3. 歡喜節奏樂（Happy rhythm）- 節奏（Rhythm）

　　11 個 4*8 拍　│ X XX　X XX │ X X X－│

小白狗	小白狗	汪汪汪
小花貓	小花貓	喵喵喵
小綿羊	小綿羊	咩咩咩
小乳牛	小乳牛	哞哞哞

前奏：1, 2, 3, 4 準備開始

Cue：1, 2, 3, 4 換 OOO（下一個動物）

CD-II：3. 音符探戈（Musical tango）- 節奏（Rhythm）

10 個 4*8 拍　│ X・ X XX XX │ X・ X X X │

我　會這樣拍拍 我　 會拍拍
我　會這樣點點 我　 會點點
我　會這樣捏捏 我　 會捏捏

前奏：1, 2, 3, 4 準備開始

Cue：1, 2, 3, 4 換 OO（下一個動作）

CD-III：3. 暖身操（Warm-up exercises）- 節奏（Rhythm）

8 個 4*8 拍　│ X X XX X │

頭兒拍一拍
耳朵拉一拉
小臉摸一摸
鼻子點一點

前奏：1, 2, 3, 4 準備開始

Cue：1, 2, 3, 4 現在換 OO（身體部位）

● 教學資源：響板

(三) 快慢（Tempo - Fast & Slow）

CD-I：

4. 旋轉木馬（Carousel）- 快慢（Fast & Slow）

4 個快慢 4*8 拍

5. 獵豹與蝸牛（Cheetah and snail）- 快慢（Fast & Slow）

　　6 個快慢 4*8 拍

CD-II：

4. 搖擺與飛行（Swinging & flying）- 快慢（Fast & Slow）

　　5 個快慢 4*8 拍

5. 兒童樂園（Children's paradise）- 快慢（Fast & Slow）

　　4 個快慢 4*8 拍

CD-III：

4. 烏龜與白兔（Turtle & rabbit）- 快慢（Fast & Slow）

　　4 個快慢 4*8 拍

5. 洗洗洗（Wash & wash）- 快慢（Fast & Slow）

　　4 個快慢 4*8 拍

● 活動目標：

➢ 美感：引導照顧者與寶寶感受音樂中的速度快慢。

➢ 社會：協助照顧者透過音樂，與寶寶發展互動關係。

➢ 身體動作與健康：透過不同的音樂活動型式，引導寶寶的肢體動作。

➢ 情緒：透過不同的音樂速度，引導寶寶情緒感受。

● 活動過程：

1.第一次教學者先帶領照顧者欣賞音樂，並熟悉前奏 8 拍與段落間之

　　Cue（線索）：

前奏8拍：5, 6, 7, 8, 準備開始

Cue：休息一下，準備變慢／快

2.第二次教學者播放音樂，請照顧者帶領寶寶邊欣賞音樂，並當音樂為快時，用雙手手指快快點壓寶寶的肚子；當音樂為慢時，則用雙手手指慢慢點壓寶寶的肚子。

3.第三次教學者播放音樂，請照顧者一邊欣賞音樂，並當音樂為快時，用雙手快快的拍打寶寶的四肢；當音樂為慢時，則用雙手慢慢的拍打寶寶的四肢。

4.教學者準備兩條滑溜布：讓寶寶躺在滑溜布上，當音樂為快時，快快的拉；當音樂為慢時，則慢慢的拉。

5.教學者準備氣球傘：讓寶寶躺在氣球傘上，當音樂為快時，快快的搖晃；當音樂為慢時，則慢慢的搖擺，也可以短暫的蓋住寶寶，讓寶寶接觸到氣球傘。

6.第四次加入樂器（鈴鼓），請照顧者先拍打和搖晃鈴鼓，並告訴寶寶：「這是鈴鼓」，隨後播放音樂當音樂為快時，快速的搖晃鈴鼓；當音樂為慢時，則用慢慢的拍打鈴鼓。

● 教學資源：鈴鼓、滑溜布、氣球傘

(四) 高低（Pitch - High & Low）

CD-I：

6. 飛翔的小鳥與行走的大熊（Flying bird and walking bear）- 高低（High & Low）

   4 個高低 4*8 拍

7. 鴿子與鱷魚（Pigeon and alligator）- 高低（High & Low）

   5 個高低 4*8 拍

CD-II：

6. 彈跳小魔豆（Bouncing little magic beans）- 高低（High & Low）

   5 個高低 4*8 拍

7. 舞蹈表演（Dance performance）- 高低（High & Low）

   3 個高低 4*8 拍

CD-III：

6. 地下道與天空（Tunnel & sky）- 高低（High & Low）

   4 個低高 4*8 拍+低

7. 河馬與小鳥（Hippo & little bird）- 高低（High & Low）

   4 個低高 4*8 拍+低

● 活動目標：

➢ 美感：引導照顧者與寶寶感受音樂中的音域高低。

➢ 社會：協助照顧者透過音樂，與寶寶發展互動關係。

貳、0 歲寶寶

➤ 身體動作與健康：透過不同的音樂活動型式，引導寶寶的肢體動作。

➤ 情緒：透過不同的音樂音域，引導寶寶情緒感受。

● 活動過程：

1.第一次教學者先帶領照顧者欣賞音樂，並熟悉前奏 8 拍與段落間之 Cue（線索）：

　　前奏 8 拍：5, 6, 7, 8, 準備開始

　　Cue：休息一下，準備變高／低

2.第二次教學者播放音樂，請照顧者帶領寶寶一邊欣賞音樂，並當音樂旋律高時，請照顧者摸摸寶寶的頭，當音樂旋律低沉時，請照顧者雙手按壓寶寶的腳，感受身體的高低。

3.第三次教學者播放音樂，請照顧者帶領寶寶一邊欣賞音樂，並當音樂旋律高時，請照顧者用手指點點寶寶的頭，當音樂旋律低沉時，請照顧者用手指點點寶寶的腳。

4.第四次加入樂器（大鼓、三角鐵），請照顧者敲打大鼓，並告訴寶寶：「這低低的聲音是大鼓」，再請照顧者敲打三角鐵，並告訴寶寶：「這高高的聲音是三角鐵」，隨後請教學者播放音樂。

● 教學資源：大鼓、三角鐵

_____

(五)走停（Stop & Go）

CD-I：

8. 玩具車遊行（Toy car parade）- 走停（Stop & Go）

　7 個走停 4*8 拍

9. 過馬路（Crossing the road）- 走停（Stop & Go）

　7 個走停 4*8 拍

CD-II：

10. 平交道（Street crossing）- 走停（Stop & Go）

　8 個走停 4*8 拍

11. 扮鬼臉（Make a silly face）- 走停（Stop & Go）

　8 個走停 4*8 拍

CD-III：

9. 123 木頭人（One two three, freeze）- 走停（Stop & Go）

　9 個走停 4*8 拍

10.走路與停頓（Walk & freeze）- 走停（Stop & Go）

　8 個走停 4*8 拍

● 活動目標：

➢ 美感：引導照顧者與寶寶感受音樂中的有聲（音符）與無聲（休止符）。

➢ 社會：協助照顧者透過音樂，與寶寶發展互動關係。

➢ 身體動作與健康：透過不同的音樂活動型式，引導寶寶的肢體動作。

貳、0 歲寶寶

➤ 情緒：透過音樂的有聲與無聲，引導寶寶情緒感受。

● 活動過程：

1. 第一次教學者先帶領照顧者欣賞音樂，並熟悉前奏 8 拍與段落間之 Cue（線索）：

前奏 8 拍：5, 6, 7, 8, 準備開始

Cue：5, 6, 7, 8, 休息一下／準備開始

2. 第一次教學者播放音樂，並當有音樂時，請照顧者拉著寶寶的手進行拍手的動作；當音樂停止時，請照顧者抱住寶寶停止動作，並告訴寶寶：「噓！」。

3. 第二次教學者請照顧者有音樂時，抱著寶寶走動；當音樂停止時，請照顧者抱住寶寶停止動作，並告訴寶寶：「噓！」。

4. 第三次加入樂器（手搖鈴），請照顧者搖手搖鈴告訴寶寶：「這是手搖鈴」，隨後放音樂，當有音樂時，請照顧者搖手搖鈴，當音樂停止時，請照顧者抱住寶寶停止動作，並告訴寶寶：「噓！」。

● 教學資源：手搖鈴

(六) 長短（Duration - Long & Short）

CD-I：

10. 模仿（Copy cat）- 長短（Long & Short）

3 個長短 4*8 拍+長

11. 彩帶（Colourful ribbon）- 長短（Long & Short）

　　3 個長短 4*8 拍+長

CD-II：

8. 大象與袋鼠（Elephant & kangaroo）- 長短（Long & Short）

　　3 個長短 4*8 拍+長

9. 麥芽糖與爆米花（Maltose & popcorn）- 長短（Long & Short）

　　4 個長短 4*8 拍+長

CD-III：

8. 伸展與跳躍（Stretching & jumping）- 長短（Long & Short）

　　3 個長短 4*8 拍+長

● 活動目標：

➤ 美感：引導照顧者與寶寶感受音樂中的長短音。

➤ 社會：協助照顧者透過音樂，與寶寶發展互動關係。

➤ 身體動作與健康：透過不同的音樂活動型式，引導寶寶的肢體動作。

➤ 情緒：透過不同的音樂長度，引導寶寶情緒感受。

● 活動過程：

1.第一次教學者先帶領照顧者欣賞音樂，並熟悉前奏 8 拍與段落間之

　Cue（線索）：

　　前奏 8 拍：5, 6, 7, 8, 準備開始

　　Cue：休息一下，準備變短／長

2.第二次教學者播放長短音樂 CD，請照顧者帶領寶寶一邊欣賞音樂，並當音樂為長時，請照顧者從寶寶頭摸至下方腳底，當音樂為短時，請照顧者用雙手手指點寶寶的肚子。

3.第三次教學者播放長短音樂 CD，請照顧者帶領寶寶一邊欣賞音樂，並當音樂為長時，請照顧者手掌貼緊寶寶的四肢由上到下按壓，當音樂為短時，請照顧者用手指輕點寶寶的四肢。

4.第四次加入樂器（碰鐘、響棒），請照顧者敲撞碰鐘，並告訴寶寶：「這長長的聲音是碰鐘」，再請照顧者敲打響棒，並告訴寶寶：「這短短的聲音是響棒」。

5.第五次請教學者播放音樂，照顧者帶領寶寶一邊欣賞音樂，並當音樂為長時，請照顧者帶領寶寶敲撞碰鐘，當音樂為短時，請照顧者敲打響棒。

● 教學資源：碰鐘、響棒

(七)力度—強弱（Dynamics - Loud & Soft）

CD-I：

12. 喊叫與竊竊私語（Shouting & whispering）- 強弱（Loud & Soft）

　　5 個大小 4*8 拍

CD-II：

12. 大腳丫與小腳丫（Big & small feet）- 強弱（Loud & Soft）

5 個大小 4*8 拍

13. 搖籃曲與暴雷（Lullaby & thunderstorm）- 強弱（Loud & Soft）

　　5 個大小 4*8 拍

CD-III：

11. 大巨人與小精靈（Giant & fairy）- 強弱（Loud & Soft）

　　4 個大小 4*8 拍

● 活動目標：

➢ 美感：引導照顧者與寶寶感受音樂中的力度強弱。

➢ 社會：協助照顧者透過音樂，與寶寶發展互動關係。

➢ 身體動作與健康：透過不同的音樂活動型式，引導寶寶的肢體動作。

➢ 情緒：透過不同的音樂力度，引導寶寶情緒感受。

● 活動過程：

1.第一次教學者先帶領照顧者欣賞音樂，並熟悉前奏 8 拍與段落間之

　Cue（線索）：

　　前奏 8 拍：5, 6, 7, 8, 準備開始

　　Cue：休息一下，準備變小／大

2.第二次教學者播放音樂，請照顧者帶領寶寶邊欣賞音樂，並當音樂大

　聲時，請照顧者用雙手重拍寶寶的身體；當音樂小聲時，則用雙手輕

　點寶寶的身體。

3. 第三次教學者播放音樂，請照顧者帶領寶寶一邊欣賞音樂，並當音樂大聲的時候，請照顧者抓著寶寶的腳重踏；當音樂小聲的時候，則用輕踏。

4. 第四次加入樂器（小鼓），請照顧者先敲打小鼓，並告訴寶寶：「這是小鼓」，隨後播放音樂當音樂為大時，用力敲打小鼓；當音樂為小時，輕輕的拍打小鼓。

● 教學資源：小鼓

(八) 曲式

CD-I：

13. 新派對歌（New party music）- ABA 曲式（AB A Form）

A-B-A-B-A

● 活動目標：

➢ 美感：透過音樂與樂器的配合，協助照顧者與寶寶感受音樂中的 AB 兩段曲式。

➢ 社會：協助照顧者透過音樂，與寶寶做互動。

● 活動過程：

1. 第一次教學者先帶領照顧者欣賞音樂，並熟悉前奏 8 拍與段落間之 Cue（線索）：

前奏 8 拍：5, 6, 7, 8, 準備開始

Cue：休息一下，準備變囉！

2.第二次教學者播放音樂，當 A 段音樂出現時，請照顧者拍打寶寶的屁股；當 B 段音樂出現時，將寶寶抱起；當 A 段音樂再度出現時，回到拍打寶寶的屁股。

3.第三次加入樂器（沙鈴和刮弧），請照顧者先玩奏樂器，並告訴寶寶：「這是沙鈴」、「這是刮弧」，當 A 段音樂出現時，搖沙鈴；當 B 段音樂出現時，刮刮弧；當 A 段音樂再度出現時，回到搖沙鈴。

● 教學資源：沙鈴、刮弧

(九) 音色

CD-I：

14. 音樂盒（Music box）- 音色（Timbre）

音色：鋼琴→吉他→管風琴→小喇叭→薩克斯風→鋼琴→鋼琴→小喇叭→吉他→管風琴→小喇叭→鋼琴

● 活動目標：

➤ 美感：透過音樂與樂器的配合，協助照顧者與寶寶感受音樂中的不同樂器音色。

➤ 社會：協助照顧者透過音樂，與寶寶做互動。

● 活動過程：

1.前奏 8 拍：請照顧者引導寶寶進入主旋律的第一個樂器（鋼琴）。

2.引導照顧者做出各種樂器的彈奏方式，當他們聽到該樂器演奏時。

8拍＊3次：鋼琴

8拍＊3次：吉他

8拍＊3次：管風琴

8拍＊3次：小喇叭

8拍＊3次：薩克斯風

8拍＊3次：鋼琴

8拍＊3次：鋼琴

8拍＊3次：小喇叭

8拍＊3次：吉他

8拍＊3次：吉他

8拍＊3次：管風琴

8拍＊3次：小喇叭

8拍＊3次：鋼琴

3.第二次教學者播放音樂，請照顧者只有在鋼琴出現時才做出彈奏的動

作，其他時間只有擺動身體。

(十) 舒緩

CD-I：

15. 彩虹之美（The beauty of the rainbow）- 舒緩

16. 鄉間漫步（Moseying in the countryside）- 舒緩

CD-II：

15. 愛的呢喃（Romantic love）- 舒緩

16. 風之詩篇（Poem of the wind）- 舒緩

CD-III：

14. 秋分來臨（Autumn equinox）- 舒緩

15. 海洋之美（The beauty of the ocean）- 舒緩

16. 森林之歌（Forest song）- 舒緩

CD-IV：

1. 心靈釋放的卡農（Canon of soul liberation）- 舒緩

2. 公主之夢（Princess dreams）- 舒緩

3. 童話天地（Fairy-tale land）- 舒緩

4. 玩魔術（Playing magic tricks）- 舒緩

5. 青梅竹馬（Childhood sweetheart）- 舒緩

6. 星星之光（Starlight）- 舒緩

7. 秘密花園（The secret garden）- 舒緩

8. 美妙之旅（Wonderful journey）- 舒緩

9. 翻轉人生（Life transformation）- 舒緩

10. 熱愛大自然（Passion for nature）- 舒緩

11. 幻想境界（Fantasy realm）- 舒緩

12. 冰天雪地（Icy wilderness）- 舒緩

13. 環遊世界（Traveling around the world）- 舒緩

14. 思鄉之遊子（The homesick wanderer）- 舒緩

15. 碧海藍天（Blue sea & sky）- 舒緩

16. 遊樂園（Amusement park）- 舒緩

● 活動目標：

➢ 身體動作與健康：

貳、0歲寶寶

    1.透過照顧者的觸覺按摩，增加寶寶的肢體循環。

    2.藉由照顧者的按摩動作，促進寶寶身體部位的敏覺性。

➢ 社會：培養照顧者與寶寶的社會互動與依附關係。

➢ 情緒：穩定寶寶情緒。

● 活動過程：

    1.教學者讓照顧者將寶寶放在軟墊上躺下，並播放音樂。

    2.照顧者依照教學者指令幫寶寶按摩腿部及手部。

    3.照顧者需要雙手摩擦生熱，並告訴寶寶：「我要幫你按摩囉」。

    4.照顧者雙手握住寶寶腳踝，雙手由內轉外，向大腿處往上按，接續再從大腿處往下按壓。

    5.雙腳按壓完畢後，接續按壓寶寶的雙手，一樣從手腕按壓到寶寶的上臂，接續再從上臂往下按壓。

    6.按摩完畢後，請照顧者告訴寶寶：「我們按摩結束囉！」。

● 備註：嬰兒心情須保持愉悅的狀態，不能太飽也不能太餓，若過程中寶寶哭鬧則停止按摩，所有的按摩過程皆須緩慢進行。

參、1-2 歲學步兒

音樂元素的教導對於 1-2 歲的學步兒有著重要的影響和意義，以下是一些關鍵發展：

一、語言發展

音樂可以協助學步兒更佳地理解和模仿語言。透過不同的音樂元素遊戲，他們可以學習新詞彙、語音和語法，促進語言發展。

二、聽覺和感知

不同的音樂元素能夠鍛煉學步兒的聽覺和感知能力。不同的音符、音調和節奏可以幫助他們更好地理解聲音，並區分不同的音樂元素。

三、社交互動

多元的音樂元素互動遊戲是一種社交工具，可以促進學步兒與他人的互動。

四、情感表達

音樂是一種情感表達的方式。透過多元的音樂元素，學步兒可以表達他們的情感和情緒，從而更佳地理解和處理自己的感受。

五、認知發展

學步兒在音樂中學習模式、順序和記憶，這有助於認知發展。他們可以透過音樂遊戲提高問題解決能力和記憶力。

六、創造力和想像力

　　音樂激發學步兒的創造力和想像力。他們可以將不同的音樂元素與故事和遊戲相結合，創造出新的情景和角色。

七、肢體動作動協調

　　不同的音樂元素可以幫助學步兒發展運動協調性，他們可以透過肢體律動、拍手和模仿音樂中的動作提高身體的控制能力。

　　音樂元素的教導對於 1-2 歲學步兒發展，具有多方面的積極影響，透過創造豐富的音樂環境，家庭和教育機構可以幫助學步兒在語言、社交、感知和情感等各個方面實現全面的成長。

八、本書創作音樂 CD I、II、III、IV 之教案

(一) 拍子（Steady Beat）

CD-I：

1. 行走的木偶（Walking marionettes）- 拍子（Steady Beat）

　　10 個 4*8 拍

2. 行軍（Marching）- 拍子（Steady Beat）

　　7 個 4*8 拍

CD-II：

1. 晨曦之歌（Morning song）- 拍子（Steady Beat）

　　10 個 4*8 拍

2. 攀爬山頂（Climbing mountains）- 拍子（Steady Beat）

　　7 個 4*8 拍

CD-III：

1. 行進遊戲（The marching game）- 拍子（Steady Beat）

　　9 個 4*8 拍

2. 小警巡邏（Little police patrol）- 拍子（Steady Beat）

　　9 個 4*8 拍

● 活動目標：

➤ 美感：能感知與辨識穩定拍。

➤ 專注力：

1.能專注聽完教學者指令並依指令完成動作。

2.能配合穩定拍完成活動。

➤ 身體動作與健康：

1.增進幼兒聽覺、觸覺的敏感度。

2.促進肢體動作的協調：增進粗大及精細動作的發展

➤ 社會：增進幼兒的人際互動。

➤ 認知語文：

1.增進幼兒語言理解力—認識身體各部位。

2.增進幼兒語言表達力—說出身體各部位。

● 活動過程：

1.靜態活動：以坐姿學領袖方式帶領幼兒感受穩定拍，一段音樂一個動作。

2.以不同的身體部分拍打穩定拍，例如：拍手、拍肩、拉耳朵、拍臉頰、拍頭等等。

3.動態活動：以動態學領袖方式帶領幼兒感受穩定拍。

4.以不同的動作感受穩定拍，例如：踏步、邊走邊拍手

5.樂器玩奏：

(1) 靜態玩奏：以坐姿學領袖方式帶領幼兒玩奏樂器—手搖鈴感受穩定拍。

(2) 動態玩奏：以動態學領袖方式帶領幼兒玩奏樂器—手搖鈴感受穩定拍。

● 教學資源：手搖鈴

(二) 節奏（Rhythm）

CD-I：3. 歡喜節奏樂（Happy rhythm）- 節奏（Rhythm）

11 個 4*8 拍 ｜X XX　X XX ｜ X X X－ ｜

CD-II：3. 音符探戈（Musical tango）- 節奏（Rhythm）

10 個 4*8 拍 ｜X‧ X XX XX ｜ X‧ X X X ｜

CD-III：3. 暖身操（Warm-up exercises）- 節奏（Rhythm）

8 個 4*8 拍 ｜X X X̲X̲ X ｜

● 活動目標：

➢ 美感：能感知與辨識節奏型。

➢ 專注力：

1.能專注聽完教學者指令並依指令完成動作。

2.能配合音樂的節奏型完成活動。

➢ 身體動作與健康：

1.增進幼兒聽覺、觸覺的敏感度。

2.促進肢體動作的協調：增進粗大及精細動作的發展

➢ 社會：增進幼兒的人際互動。

➢ 認知語文：

1.增進幼兒語言理解力—認識不同的動物和做出動作。

2.增進幼兒語言表達力—說出不同的動物名稱和模仿出聲音。

● 活動過程：

1.靜態活動：以坐姿方式帶領幼兒感受節奏型，教學者拍出複雜的節奏

部分，學步兒只要拍出簡單的最後三個音即可。

CD-I：3. 歡喜節奏樂（Happy rhythm）- 節奏（Rhythm）

11 個 4*8 拍　│X <u>XX</u>　X <u>XX</u>│　X X X－│

小白狗　小白狗　汪汪汪
小花貓　小花貓　喵喵喵
小綿羊　小綿羊　咩咩咩
小乳牛　小乳牛　哞哞哞

前奏：1, 2, 3, 4　準備開始

Cue：1, 2, 3, 4　換 <u>OOO</u>（下一個動物）

CD-II：3. 音符探戈（Musical tango）- 節奏（Rhythm）

10 個 4*8 拍　│X‧ <u>X XX XX</u>│X‧ <u>X X X</u>│

我　　會這樣拍拍　我　　會拍拍
我　　會這樣點點　我　　會點點
我　　會這樣踏踏　我　　會踏踏
我　　會這樣轉轉　我　　會轉轉
我　　會這樣拉拉　我　　會拉拉

前奏：1, 2, 3, 4　準備開始

Cue：1, 2, 3, 4　換 OO（下一個動作）

CD-III：3. 暖身操（Warm-up exercises）- 節奏（Rhythm）

8 個 4*8 拍　│X X <u>XX</u> X│

頭兒拍一拍
耳朵拉一拉
鼻子點一點
臉頰摸一摸
眉毛畫一畫
小腿拍一拍
小腳踏一踏

前奏：1, 2, 3, 4　準備開始

Cue：1, 2, 3, 4　現在<u>換 OO</u>（身體部位）

2.動態活動：以動態方式帶領幼兒，跟著節奏型一邊唸節奏一邊走。

3.熟悉節奏型之後，跟著節奏型一邊唸節奏，一邊做出目標動作。

4.樂器玩奏：

(1) 靜態玩奏：以坐姿方式帶領幼兒玩奏樂器—響板，打出音樂的重複節奏型。

(2) 動態玩奏：以動態方式帶領幼兒玩奏樂器—響板，一邊唸節奏，一邊打出音樂的重複節奏型。

5.建議替代節奏型口語與動作：

(1) 小白狗，小白狗，汪汪汪～

(2) 小黑羊，小黑羊，咩咩咩～

(3) 小乳牛，小乳牛，哞哞哞～

● 教學資源：響板

(三) 快慢（Tempo - Fast & Slow）

CD-I：

4. 旋轉木馬（Carousel）- 快慢（Fast & Slow）

   4 個快慢 4*8 拍

5. 獵豹與蝸牛（Cheetah and snail）- 快慢（Fast & Slow）

   6 個快慢 4*8 拍

CD-II：

4. 搖擺與飛行（Swinging & flying）- 快慢（Fast & Slow）

　　5 個快慢 4*8 拍

5. 兒童樂園（Children's paradise）- 快慢（Fast & Slow）

　　4 個快慢 4*8 拍

CD-III：

4. 烏龜與白兔（Turtle & rabbit）- 快慢（Fast & Slow）

　　4 個快慢 4*8 拍

5. 洗洗洗（Wash & wash）- 快慢（Fast & Slow）

　　4 個快慢 4*8 拍

● 活動目標：

➢ 美感：能感知與辨識速度快慢。

➢ 專注力：

1.能專注聽完教學者指令並依指令完成動作。

2.能配合音樂的速度快慢完成活動。

➢ 身體動作與健康：

1.增進幼兒聽覺、觸覺的敏感度。

2.促進肢體動作的協調：增進粗大及精細動作的發展

➢ 社會：增進幼兒的人際互動。

➤ 認知語文：

1.增進幼兒語言理解力—理解快與慢的意義。

2.增進幼兒語言表達力—說出快與慢的口語、發出ㄚ的音。

● 活動內容：

1.請幼兒躺在氣球傘上，照顧者站在幼兒旁邊，並圍著氣球傘站一圈。

2.撥放音樂，請幼兒躺在氣球傘內，當音樂快時，協助者、照顧者快速甩動氣球傘；當音樂慢時，則變成海浪，往內包覆幼兒。

3.第二次撥放音樂時，讓幼兒於氣球傘下方，當音樂快時，協助者、照顧者快速甩動氣球傘；當音樂慢時，則上下揮動蓋住幼兒。

4.第三次撥放音樂時，請幼兒圍著氣球傘並抓住，當音樂快時，請幼兒快快地甩動氣球傘，並發出ㄚ的聲音；當音樂慢時，則請幼兒慢慢的搖晃氣球傘。

5.樂器玩奏：引導幼兒隨著音樂的快慢做變化。

● 教學資源：氣球傘、簡單節奏樂器，如手搖鈴、手鼓、沙鈴等。

(四) 高低（Pitch - High & Low）

CD-I：

6. 飛翔的小鳥與行走的大熊（Flying bird and walking bear）- 高低（High & Low）

   4 個高低 4*8 拍

7. 鴿子與鱷魚（Pigeon and alligator）- 高低（High & Low）

   5 個高低 4*8 拍

CD-II：

6. 彈跳小魔豆（Bouncing little magic beans）- 高低（High & Low）

   5 個高低 4*8 拍

7. 舞蹈表演（Dance performance）- 高低（High & Low）

   3 個高低 4*8 拍

CD-III：

6. 地下道與天空（Tunnel & sky）- 高低（High & Low）

   4 個低高 4*8 拍+低

7. 河馬與小鳥（Hippo & little bird）- 高低（High & Low）

   4 個低高 4*8 拍+低

● 活動目標：

➢ 美感：能感知與辨識音域高低。

➢ 專注力：

  1.能專注聽完教學者指令並依指令完成動作。

  2.能配合音樂的高低完成活動。

➢ 身體動作與健康：

  1.增進幼兒聽覺、觸覺的敏感度。

  2.促進肢體動作的協調：增進粗大及精細動作的發展

➢ 社會：增進幼兒的人際互動。

➢ 認知語文：

1.增進幼兒語言理解力—理解高低的意義。

2.增進幼兒語言表達力—說出高低的口語。

● 活動過程：

1.教學者請幼兒抓著氣球傘。

2.當音樂出現高時，請幼兒抓著氣球傘高高的甩；當音樂出現低時，請幼兒趴在氣球傘上，低低的拍打氣球傘。

3.第二次撥放音樂時，當音樂高時，教學者給予幼兒指令烏鴉／貓頭鷹的指令，並請幼兒自行發揮創意模仿動物高高的飛及叫聲；當音樂低時，請幼兒給予小魚／小狗／青蛙的指令，並請幼兒自行發揮創意模仿動物低低的游／爬／跳及叫聲。

● 教學資源：氣球傘

(五) 走停（Stop & Go）

CD-I：

8. 玩具車遊行（Toy car parade）- 走停（Stop & Go）

　7 個走停 4*8 拍

9. 過馬路（Crossing the road）- 走停（Stop & Go）

　7 個走停 4*8 拍

CD-II：

10. 平交道（Street crossing）- 走停（Stop & Go）

   8 個走停 4*8 拍

11. 扮鬼臉（Make a silly face）- 走停（Stop & Go）

   8 個走停 4*8 拍

CD-III：

9. 123 木頭人（One two three, freeze）- 走停（Stop & Go）

   9 個走停 4*8 拍

10. 走路與停頓（Walk & freeze）- 走停（Stop & Go）

   8 個走停 4*8 拍

● 活動目標：

➢ 美感：能感知與辨識音樂的音符（有聲）和休止符（無聲）。

➢ 專注力：

  1.能專注聽完教學者指令並依指令完成動作。

  2.能配合音樂的音符（有聲）和休止符（無聲）完成活動。

➢ 身體動作與健康：

  1.增進幼兒聽覺、觸覺的敏感度。

  2.促進肢體動作的協調：增進粗大及精細動作的發展與平衡感訓練。

➢ 社會：增進幼兒的人際互動。

➢ 認知語文：

1.增進幼兒語言理解力—理解走停的意義。

2.增進幼兒語言表達力—說出走停的口語。

● 活動過程：

1.靜態活動：坐姿圍圓圈學領袖

(1) 當出現音樂教學者每一段落間做出靜態動作，像是：拍手、拍腿、點鼻、拉耳、點頭等等，段落間出現 cue（線索）時，讓幼兒搖搖身體，稍作休息再進入下一個動作。

(2) 玩奏樂器：引導幼兒聽到音樂玩奏手中的樂器，當音樂停止時，將樂器放在地上，用食指放在鼻子上說：「噓！」。

2.動態活動：教學者請幼兒排成一排，並播放音樂。

(1) 當音樂出現時，引導幼兒走動，當音樂停止時，教學者敲打三角鐵，並請幼兒依照教學者指令變成木頭人。例如：教學者說：「一二三變小牛」時，幼兒則做出小牛狀，並停止動作。

(2) 讓幼兒拿著沙鈴，當音樂出現時，引導幼兒一邊走動一邊搖動手中的沙鈴，當音樂停止時，教學者敲打三角鐵，並請幼兒依照教學者指令變成木頭人，不可以讓沙鈴發出聲音。

● 小叮嚀：如果幼兒無法停止動作，就請照顧者抱住幼兒，使幼兒停止動作，感知無聲的休止符。

● 教學資源：沙鈴、三角鐵

(六) 長短（Duration - Long & Short）

CD-I：

10. 模仿（Copy cat）- 長短（Long & Short）

3 個長短 4*8 拍+長

11. 彩帶（Colourful ribbon）- 長短（Long & Short）

3 個長短 4*8 拍+長

CD-II：

8. 大象與袋鼠（Elephant & kangaroo）- 長短（Long & Short）

3 個長短 4*8 拍+長

9. 麥芽糖與爆米花（Maltose & popcorn）- 長短（Long & Short）

4 個長短 4*8 拍+長

CD-III：

8. 伸展與跳躍（Stretching & jumping）- 長短（Long & Short）

3 個長短 4*8 拍+長

● 活動目標：

➢ 美感：能感知與辨識音樂的音值長短。

➢ 專注力：

1.能專注聽完教學者指令並依指令完成動作。

2.能配合音樂的音值長短完成活動。

➢ 身體動作與健康：

1.增進幼兒聽覺、觸覺的敏感度。

2.促進肢體動作的協調：增進粗大及精細動作的發展

➢ 社會：增進幼兒的人際互動。

➢ 認知語文：

1.增進幼兒語言理解力—理解長短的意義。

2.增進幼兒語言表達力—說出長短的口語。

● 活動過程：

➢ 肢體動作

1.靜態引導：

　(1) 以長毛線和毛線球引導幼兒認識音符的長短概念：

　　　當聽覺接收到長音，教學者比著長毛線；當短音出現，比著毛線球。

　(2) 輔以口語引導：

　　　當聽覺接收到長音，教學者引導幼兒用手指畫長長並說：「長」；當聽到短音，教學者引導幼兒用手指在地上點短短並說：「短」。

　(3) 坐姿靜態肢體引導：

　　　當聽覺接收到長音，教學者雙手伸展；當短音出現，以雙手握拳互捶方式引導。

2.動態肢體引導：

(1) 當聽覺接收到長音，教學者隨機伸展肢體；當短音出現，以墊腳尖的方式引導。

(2) 當聽覺接收到長音，教學者隨機伸展肢體，並輔以口語說：「長」；當短音出現，以墊腳尖的方式引導，並輔以口語說：「短」。

➢ 教具輔具：以大小伸縮帶引導

1.以小伸縮帶引導長短概念：給小朋友每人一條伸縮帶，當聽到長音，引導幼兒雙手向兩旁伸展拉開伸縮帶；當短音出現時，放開一手，只用一隻手上下搖晃，並以墊腳尖方式隨著音樂跳動。

2.以大伸縮帶引導長短概念：全部的幼兒拉著大伸縮帶，當聽到長音，引導幼兒雙手向外圈一起伸展拉開伸縮帶；當短音出現時，一起以墊腳尖方式拉著大伸縮帶隨著音樂跳動。

➢ 樂器：以碰鐘、響棒引導

1.將幼兒分為兩組，分別拿碰鐘和響棒。當長音出現時，引導拿碰鐘組的小朋友，隨著長長的音敲碰鐘；當短音出現時，引導拿響棒的小朋友，隨著短短的音敲打響棒。

2.當幼兒熟悉音樂後，可以發給每位幼兒兩種樂器，當播放音樂時先做一次測試，如果幼兒無法理解，教學者再介入引導。

● 教學資源：小伸縮帶、大伸縮帶、碰鐘、響棒

(七) 力度—強弱（Dynamics - Loud & Soft）

CD-I：

12. 喊叫與竊竊私語（Shouting & whispering）- 強弱（Loud & Soft）

5 個大小 4*8 拍

CD-II：

12. 大腳丫與小腳丫（Big & small feet）- 強弱（Loud & Soft）

5 個大小 4*8 拍

13. 搖籃曲與暴雷（Lullaby & thunderstorm）- 強弱（Loud & Soft）

5 個大小 4*8 拍

CD-III：

11. 大巨人與小精靈（Giant & fairy）- 強弱（Loud & Soft）

4 個大小 4*8 拍

● 活動目標：

➢ 美感：能感知與辨識音樂的力度強弱。

➢ 專注力：

1.能專注聽完教學者指令並依指令完成動作。

2.能配合音樂的力度強弱完成活動。

➢ 身體動作與健康：

1.增進幼兒聽覺、觸覺的敏感度。

2.促進肢體動作的協調：增進粗大及精細動作的發展

參、1-2 歲學步兒

➢ 社會：增進幼兒的人際互動。

➢ 認知語文：

1.增進幼兒語言理解力—理解力度強弱的意義。

2.增進幼兒語言表達力—說出力度強弱的口語。

● 活動過程：

➢ 肢體動作

1.靜態引導：

(1) 以大象和小老鼠引導幼兒認識力度強弱概念：

當聽到大聲時，教學者比著大象；當小聲出現，比著小老鼠。

(2) 輔以口語引導：

當聽到大聲時，教學者比著大象並說：「大」；當小聲出現，比著

小老鼠並說：「小」。

(3) 坐姿靜態肢體引導：

當聽到大聲時，教學者用雙手在地上重重的拍打；當小聲出現，

以雙手食指在地上輕點。

2.動態肢體引導：

(1) 當聽覺接收到強音，教學者四處重重的踏；當弱音出現，以墊腳

尖的方式四處走。

(2) 當聽覺接收到強音，教學者四處重重的踏，並輔以口語說：「大」；

當弱音出現，以墊腳尖的方式四處走，並輔以口語說：「小」。

➤ 教具輔具：以絲巾和大伸縮帶引導

1.以絲巾引導大小概念：發給小朋友每人一條絲巾，當聽到大聲時，引導幼兒雙手將絲巾伸展拉開用力搖晃；當小聲出現時，將絲巾盡可能的縮小握在手掌中輕輕搖晃。

2.以大伸縮帶引導大小概念：全部的幼兒拉著大伸縮帶，當聽到大聲時，引導幼兒雙手向外圈一起伸展拉開伸縮帶並重重的踏腳；當小聲出現時，一起以墊腳尖方式向圓圈中心內縮。

➤ 樂器：以碰鐘、響棒引導

1.將幼兒分為兩組，分別拿碰鐘和響棒。當長音出現時，引導拿碰鐘組的小朋友隨著長長的音敲碰鐘；當短音出現時，引導拿響棒的小朋友隨著短短的音敲打響棒。

2.當幼兒熟悉音樂後，可以發給每位幼兒兩種樂器，當播放音樂時先做一次測試，如果幼兒無法理解，教學者再介入引導。

● 教學資源：圖卡：大象、小老鼠、絲巾、大伸縮帶、碰鐘、響棒

(八) 曲式

CD-I：

13. 新派對歌（New party music）- ABA 曲式（AB A Form）
   A-B-A-B-A

● 活動目標：

➤ 美感：透過音樂，協助幼兒感受音樂中的 AB 兩段曲式。

➢ 身體動作與健康：

1.增進幼兒聽覺、觸覺的敏感度。

2.促進肢體動作的協調：增進粗大及精細動作的發展

➢ 社會：增進幼兒的人際互動。

● 活動過程：

1.靜態活動：當 A 段音樂出現時，引導幼兒坐著拍手；當 B 段音樂出現時，讓幼兒站起來搖身體；當 A 段音樂再度出現時，引導幼兒回到坐著拍手的動作。

2.靜態活動：當 A 段音樂出現時，引導幼兒依照拍子踏步走；當 B 段音樂出現時，讓幼兒自由跑步；當 A 段音樂再度出現時，引導幼兒回到踏步走的動作。

3.樂器玩奏：加入樂器（刮弧和沙鈴），當 A 段音樂出現時，引導幼兒玩刮弧；當 B 段音樂出現時，讓拿著沙鈴自發性的快快搖；當 A 段音樂再度出現時，引導幼兒回到玩刮弧的動作。

● 教學資源：沙鈴、刮弧

(九) 音色

CD-I：

14. 音樂盒（Music box）- 音色（Timbre）

音色：鋼琴→吉他→管風琴→小喇叭→薩克斯風→鋼琴→鋼琴→小

喇叭→吉他→管風琴→小喇叭→鋼琴

● 活動目標：

➢ 美感：透過音樂，協助幼兒感受音樂中的不同樂器音色。

➢ 身體動作與健康：

1.增進幼兒聽覺、觸覺的敏感度。

2.促進肢體動作的協調：增進粗大及精細動作的發展

➢ 社會：增進幼兒的人際互動。

● 活動過程：

1.前奏 8 拍：引導幼兒進入主旋律的第一個樂器—鋼琴。

2.引導幼兒做出各種樂器的彈奏方式，當他們聽到該樂器演奏時。

　　8 拍＊3 次：鋼琴
　　8 拍＊3 次：吉他
　　8 拍＊3 次：管風琴
　　8 拍＊3 次：小喇叭
　　8 拍＊3 次：薩克斯風
　　8 拍＊3 次：鋼琴
　　8 拍＊3 次：鋼琴
　　8 拍＊3 次：小喇叭
　　8 拍＊3 次：吉他
　　8 拍＊3 次：吉他
　　8 拍＊3 次：管風琴
　　8 拍＊3 次：小喇叭
　　8 拍＊3 次：鋼琴

3.第二次教學者播放音樂，請幼兒只有在鋼琴出現時才做出彈奏的動作，

　其他時間只有擺動身體。

4.當幼兒已經熟悉一種樂器後，教學者視其學習狀況增加不同的樂器。

(十) 舒緩

CD-I：

15. 彩虹之美（The beauty of the rainbow）- 舒緩

16. 鄉間漫步（Moseying in the countryside）- 舒緩

CD-II：

15. 愛的呢喃（Romantic love）- 舒緩

16. 風之詩篇（Poem of the wind）- 舒緩

CD-III：

14. 秋分來臨（Autumn equinox）- 舒緩

15. 海洋之美（The beauty of the ocean）- 舒緩

16. 森林之歌（Forest song）- 舒緩

CD-IV：

1. 心靈釋放的卡農（Canon of soul liberation）- 舒緩

2. 公主之夢（Princess dreams）- 舒緩

3. 童話天地（Fairy-tale land）- 舒緩

4. 玩魔術（Playing magic tricks）- 舒緩

5. 青梅竹馬（Childhood sweetheart）- 舒緩

6. 星星之光（Starlight）- 舒緩

7. 秘密花園（The secret garden）- 舒緩

8. 美妙之旅（Wonderful journey）- 舒緩

9. 翻轉人生（Life transformation）- 舒緩

10. 熱愛大自然（Passion for nature）- 舒緩

11. 幻想境界（Fantasy realm）- 舒緩

12. 冰天雪地（Icy wilderness）- 舒緩

13. 環遊世界（Traveling around the world）- 舒緩

14. 思鄉之遊子（The homesick wanderer）- 舒緩

15. 碧海藍天（Blue sea & sky）- 舒緩

16. 遊樂園（Amusement park）- 舒緩

● 活動目標：

➢ 身體動作與健康：藉由大龍球的重壓按摩動作，促進幼兒身體部位的敏覺性。

➢ 情緒：穩定幼兒情緒。

● 活動過程：

1.教學者讓幼兒躺在軟墊上，並播放音樂。

2.有照顧者陪伴上課的執行方式：

 (1) 照顧者依照教學者指令幫寶寶按摩腿部及手部。

 (2) 照顧者需要雙手摩擦生熱，並告訴寶寶：「我要幫你按摩囉」。

(3) 照顧者雙手握住寶寶腳踝，雙手由內轉外，向大腿處往上按，接續再從大腿處往下按壓。

(4) 雙腳按壓完畢後，接續按壓寶寶的雙手，一樣從手腕按壓到寶寶的上臂，接續再從上臂往下按壓。

(5) 按摩完畢後，請照顧者告訴寶寶：「我們按摩結束囉」。

3.只有一位教學者上課的執行方式：

(1) 幼兒躺在軟墊上聆聽舒緩音樂。

(2) 教學者拿大龍球在每一位幼兒身上做重壓覺按摩。

肆、3-6 歲幼兒

音樂元素的教導對於 3-6 歲幼兒有著重要的影響和意義，以下是一些關鍵方面：

一、聆聽技巧

幼兒在這個年齡段開始發展聆聽技巧，學習辨別音樂中的節奏、旋律、音調和音量。這有助於提高他們的聆聽和感知能力，同時也促進了語言發展。

二、情感表達

音樂是一種情感表達的媒介，幼兒可以透過音樂來表達自己的情感和情感體驗。學習音樂元素有助於他們更佳地理解和表達情感，這對心理社交發展非常重要。

三、協調和運動

音樂元素如節奏，可以幫助幼兒發展協調和運動能力。跳舞和敲打樂器等音樂活動，有助於鍛煉他們的大肌肉運動與精細動作技巧。

四、語言和溝通

學習音樂元素有助於提高語言和溝通能力。幼兒可以透過歌曲和音樂活動擴展詞彙、理解節奏和韻律，進一步促進語言發展。

五、創造力和想像力

音樂鼓勵幼兒的創造力和想像力。他們可以參與音樂創作、即興演奏和故事情境遊戲，這有助於啟發他們的創意思維。

六、學習和記憶

學習音樂元素有助於提高幼兒的學習和記憶能力。音樂可以提供一個有趣的方式來學習數字、顏色、形狀等概念，同時也幫助他們記住信息。

所以，音樂元素的教導對於 3-6 歲幼兒的綜合發展具有重要意義，可以在多個方面對他們的成長和學習產生積極的影響。透過音樂，幼兒可以增強感知、情感表達、協調和溝通技能，同時豐富他們的創造力和學習體驗。

七、美語學習

由於全幼兒音樂教育團隊多年來在台灣進行長期的音樂美語研究教學，因此特別將音樂元素與美語學習單獨提出其優勢和特點：

(一) 聽覺感知：音樂可以培養幼兒的聽覺感知，使他們更容易識別和理解語言中的聲音、音調和節奏。這有助於提高美語理解和溝通能力。

(二) 記憶和學習：音樂能幫助幼兒記憶單詞、短語和語句，因為音樂常常伴隨著重複和節奏性，這對於學習美語新詞彙和語言規則非常有益。

(三) 情感聯繫：音樂能夠觸發幼兒的情感回應，並提高他們對語言的興趣。這種情感聯繫可以增強學習體驗並鞏固語言學習。

(四) 語言表達：音樂可以幫助幼兒表達情感和想法，並練習口語表達。透過唱歌、吟唱和模仿歌詞，他們可以增強口語能力。

(五) 聲音辨識：音樂教育可以訓練幼兒辨識不同的聲音、音調和節奏，這對於學習發音和聽力技能非常重要。

(六) 跨文化理解：透過音樂，幼兒可以接觸不同文化和語言，從而增加他

們對多元文化的理解和尊重。

音樂元素在教授幼兒美語方面具有優越性，因為它促進了多種語言學

習和發展方面的技能，同時提供了有趣和參與的學習環境。

以下之教案均用英文標註了關鍵字，使用者可以彈性選擇使用到音樂

活動中。

八、本書創作音樂 CD I、II、III、IV 之教案

(一) 拍子（Steady Beat）

● 教學目標：

1.主目標：

(1) 美感：能感知與辨識音樂的穩定拍。

(2) 身體動作與健康：

➢ 增進幼兒聽覺、觸覺的敏感度。

➢ 促進肢體動作的協調：增進粗大及精細動作的發展。

(3) 語言：增進理解與表達能力

➢ 認識不同的身體部位。

➢ 說出不同的身體部位。

2.次目標：

(1) 語言：

➢ 增進聲韻符的發音。

➢ 學習簡單美語動詞。

(2) 專注力：

➢ 能專注聽完教學者指令並依指令完成動作。

➢ 能配合穩定拍完成活動。

(3) 人際互動：能夠與他人一起完成活動任務

● 教學資源：圓形圖卡（紅藍白黃綠）、4*4 方塊、節奏圈圈、腳丫
子圖、手掌圖、A4 紙、樂器（手鼓、響板）

● 教學過程

1.引起動機：船隻航行

教學者帶著幼兒們參與一個模擬船隻航行的遊戲。在這個遊戲中，
幼兒們站在虛構的小船上，並隨著穩定的拍子一起擺動身體，彷彿是
在大海上的波浪中。他們可以一起擺動身體，由左向右，然後再由右
向左，體驗船隻的擺動穩定節拍。這個遊戲可以幫助幼兒們理解拍子
的穩定性，同時增進他們對協調運動的感知。

2.活動

前奏：5, 6, 7, 8, 準備開始（1- 2- 1, 2, ready go）

Cue：搖搖身體 準備出發（Shake your body, 1, 2, ready go）

(1) 靜態活動 A：圍圓圈坐姿（Sit in a circle）

前奏 8 拍：點頭（Nod head）

Cue：雙手轉圈（Roll your hands） 8 拍

主旋律：

➢ 拍手（Clap hands）

➢ 拍腿（Pat thighs）

➢ 拍手（Clap hands）+拍腿（Pat thighs）

➢ 拍腿（Pat thighs）+交叉拍腿（Cross your hands and pat your thighs）

➢ （拍腿+拍手+彈指+拍手）*2

（Pat thighs+Clap+Snap+Clap）

(2) 靜態活動 B：圍圓圈坐姿（Sit in a circle）

前奏 8 拍：點頭（Nod head）

Cue：雙手轉圈（Roll your hands） 8 拍

➢ 點頭（Nod head）+拍頭（Pat head）

➢ 聳肩（Shrug shoulders）+拍肩（Pat shoulders）

➢ 拍胸（Pat chest）

➢ 拍屁股（Pat hips／buttocks）

➢ 拍大腿（Pat thighs）

➢ 拍腳踝（Pat ankles）

➢ 踏腳（stomp）

(3) 靜態活動 C：圍圓圈站姿（Stand in a circle）

前奏 8 拍：拍手--5, 6, 7, 8, 準備開始（1- 2- 1, 2, ready go）

Cue：雙手轉圈 8 拍

主旋律：

> 踏腳（Stomp feet）：左、右、左、右（輕點右邊人的腳背）

右、左、右、左（輕點左邊人的腳背）

> 拍腿（Pat thighs）：左、右、左、右（輕拍右邊人的腿）

右、左、右、左（輕拍左邊人的腿）

(4) 靜態活動 D：圍圓圈坐姿（Sit in a circle）

> 老鷹抓小雞（Duck, Duck, Goose）：右手手掌向下+左手食指豎直

> 轉銜音樂：1, 2, 準備抓（Duck, Duck, Goose）

> 換手做一次

(5) 靜態活動 E：圍圓圈坐姿（Sit in a circle）

> 單人活動：

依照教學目標給予各種顏色一個音，中文可以盡量結合聲韻符，

白色則固定是休止符沒有聲音，記得要停一拍喔！

前奏 8 拍：點頭（Nod）

Cue：雙手轉圈 8 拍（Roll hands）

♪ (紅) 拍頭+說ㄒ／Boom

♪ (藍) 拍腿+說ㄝ／Cha

♪ (紅)(紅)(紅)(白) 拍頭+拍腿+說ㄒㄝ／Ba
(藍)(藍)(藍)(白)

♪ (黃) 由幼兒發揮想像力決定動作和聲音

♪ (綠) 由幼兒發揮想像力決定動作和聲音

(紅)(紅)(紅)(白)	(藍)(藍)(藍)(白)	(紅)　(紅) (藍)　(藍)	(紅)(紅)(紅)(白) (藍)(藍)(藍)(白)
(紅)(紅)(紅)(白)	(藍)(藍)(藍)(白)	(黃)(白)(白)(白)	(綠)(白)(白)(白)

➤ 雙人活動：

A 組：紅色圖卡：拍手+說ㄒ／Boom

B 組：藍色圖卡：拍腿+說ㄝ／Cha

紅+藍：AB 組一起說ㄒㄝ／Ba

(6) 靜態活動 F：玩奏樂器

A 組：紅色圖卡：拍手鼓+說ㄒ／Boom

B 組：藍色圖卡：拍響板+說ㄝ／Cha

紅+藍：AB 組一起拍樂器並說出目標音

(7) 靜態活動 G：單人坐姿：老師踩格子，小朋友拍

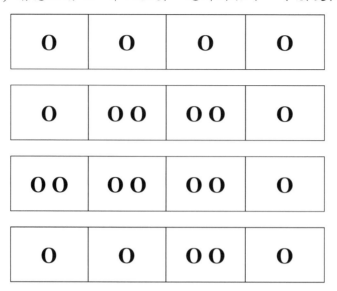

O	O	O	O
O	O O	O O	O
O O	O O	O O	O
O	O	O O	O

(8) 動態 A：Ta <u>TiTi</u>

➢　老師帶領小朋友隨音樂踏腳／拍手（Clap）

➢　小朋友帶領小朋友隨音樂踏腳／拍手（Clap）

(9) 動態活動 B：邊走邊拍（Walk & Clap）

老師設定節奏讓小朋友邊走邊照音樂的拍子拍或用腳踏出，

例如：

O	O	OO	O
O	OO	OO	O
OO	OO	OO	O
OO	O	OO	O

(10)動態活動 C：跳格子（Hopscotch）

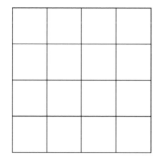

➢　由老師跳格子+小朋友打拍子

a. 老師雙腳跳一格停 3 拍+小朋友拍一下（停 3 拍）

b. 老師雙腳跳一格踩 4 下+小朋友拍 4 拍

c. 老師右腳跳一格：小朋友重拍一下

　老師左腳點 3 下：小朋友用右手食指點 3 下

d. 老師左腳跳一格：小朋友重拍一下

　老師右腳點 3 下：小朋友用右手食指點 3 下

➢　由老師帶小朋友跳格子

a. 雙腳一起跳進兩個格子後+右腳踏+左腳踏+右腳踏

b. 往左邊一個格子跳：重複 a 的動作

c. 往右邊一個格子跳：重複 a 的動作

d. 往前跳，重複 a+b+c 動作

e. 完成所有的格子後重新排隊

(11)動態活動 D：一人一張 A4 紙，邊走邊拍，第一拍重重拍紙，2、

　3、4 拍手

(12)動態活動 F：

➢ 分組拍節奏：在教室放置 4 組節奏型，Cue—移動換節奏型

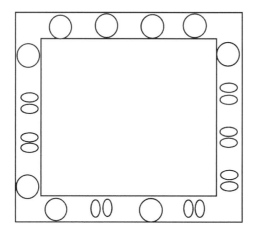

(13)動態 G：腳丫子（Foot）+手掌（Palm）

➢ 老師帶領小朋友依照腳丫子或手掌感受拍子

➢ 小朋友自行依照腳丫子或手掌感受拍子

● 本書 CD 適用之曲目：

CD-I：

1. 行走的木偶（Walking marionettes）- 拍子（Steady Beat）

    10 個 4*8 拍

2. 行軍（Marching）- 拍子（Steady Beat）

    7 個 4*8 拍

CD-II：

1. 晨曦之歌（Morning song）- 拍子（Steady Beat）

    10 個 4*8 拍

2. 攀爬山頂（Climbing mountains）- 拍子（Steady Beat）

　　7 個 4*8 拍

CD-III：

1. 行進遊戲（The marching game）- 拍子（Steady Beat）

　　9 個 4*8 拍

2. 小警巡邏（Little police patrol）- 拍子（Steady Beat）

　　9 個 4*8 拍

● 補充資料：注音符號

　1.聲符 21 個：

　　ㄅ、ㄆ、ㄇ、ㄈ、ㄉ、ㄊ、ㄋ、ㄌ、ㄍ、ㄎ、ㄏ、ㄐ、ㄑ、ㄒ、ㄓ、
　　ㄔ、ㄕ、ㄖ、ㄗ、ㄘ、ㄙ

　2.韻符 13 個：

　　ㄚ、ㄛ、ㄜ、ㄝ、ㄞ、ㄟ、ㄠ、ㄡ、ㄢ、ㄣ、ㄤ、ㄥ、ㄦ

　3.介符 3 個：

　　ㄧ、ㄨ、ㄩ

　4.結合韻符 22 個（介符+韻符）：

　　ㄧㄚ、ㄧㄛ、ㄧㄝ、ㄧㄞ、ㄧㄠ、ㄧㄡ、ㄧㄢ、ㄧㄣ、ㄧㄤ、ㄧㄥ
　　ㄨㄚ、ㄨㄛ、ㄨㄞ、ㄨㄟ、ㄨㄢ、ㄨㄣ、ㄨㄤ、ㄨㄥ
　　ㄩㄝ、ㄩㄢ、ㄩㄣ、ㄩㄥ

(二) 節奏（Rhythm）

● 教學目標：

　1.主目標：

　　(1) 美感：能感知、辨識與記憶節奏型。

　　(2) 語言：增進理解與表達能力。

　　　➤　認識不同的動物和做出動作。

　　　➤　說出不同的動物名稱和模仿出聲音。

　　　➤　認識身體部位。

　2.次目標：

　　(1) 身體動作與健康：粗大動作與精細動。

　　(2) 專注力。

　　(3) 人際互動。

● 教學資源：動物圖卡（小白狗、小花貓、小綿羊、小乳牛、大公雞、小青蛙、粉紅豬、小鴨子、小蜜蜂、小烏鴉、大灰象）、響棒、無調性節奏樂器

● 教學過程

　1.引起動機：音樂會的掌聲

　　　　在這個互動遊戲中，教學者模擬音樂會現場的氛圍，與幼兒們一起表現出音樂家在音樂會結束時常見的掌聲節奏。教學者開始提供簡單的拍手節奏，例如：慢慢的拍手聲，然後讓幼兒們模仿這種節奏。

接著，逐漸增加節奏的難度，挑戰幼兒們的節奏感。最終，教學者引入本書的目標節奏，讓幼兒們嘗試複雜的拍手節奏，就像真正的音樂家一樣。這個遊戲可以幫助幼兒們學習節奏感，同時也激發他們對音樂和表演的興趣。

2.活動一

CD-I：3. 歡喜節奏樂（Happy rhythm）- 節奏（Rhythm）

11 個 4*8 拍　│X XX　X XX │ X X X－│

前奏：5, 6, 7, 8, 準備開始

Cue：5, 6, 7, 8, 換 OOO~（下一個動物）

(1) 靜態活動 A：說白節奏

│X XX　X XX │ X X X－│（中文版）

小白狗　小白狗　　汪汪汪（雙手手掌放嘴邊向外 3 次）
小花貓　小花貓　　喵喵喵（雙手 3 根手指做出貓鬍鬚 3 次）
小綿羊　小綿羊　　咩咩咩（雙手食指和小指做羊角 3 次）
小乳牛　小乳牛　　哞哞哞（雙手食指放頭頂比 3 次）
大公雞　大公雞　　咕咕咕（雙手手掌放頭頂做出公雞狀 3 次）
小青蛙　小青蛙　　ㄍㄨㄚ ㄍㄨㄚ ㄍㄨㄚ（雙手手掌拍 3 次）
粉紅豬　粉紅豬　　ㄍㄡ ㄍㄡ ㄍㄡ（食指放鼻子）
小鴨子　小鴨子　　呱呱呱（雙手擺屁股旁做出鴨子狀 3 次）
小蜜蜂　小蜜蜂　　嗡嗡嗡（雙手做飛的動作）
小烏鴉　小烏鴉　　ㄚ ㄚ ㄚ（雙手放嘴邊向外伸展做ㄚ的動作）
大灰象大灰象　ㄤ ㄤ ㄤ（一手捏鼻，一手拉長做象鼻子揮動動作）

動作：拍拍拍　拍拍拍 ＋（做動作）

前奏：1- 2- 1, 2, ready go

Cue：Shake your body, 1, 2, ready go

X	XX	X	XX	X X X －	（英文版）

Woof Titi, Woof Titi, little dog,
Meow Titi, Meow Titi, little cat,
Baa Titi, Baa Titi, little sheep,
Moo Titi, Moo Titi, little cow,
Neigh Titi, Neigh Titi, little horse,
Quack Titi, Quack Titi, little duck,
Oink Titi, Oink Titi, little pig,
Roar Titi, Roar Titi, big tiger.

動作：拍 拍拍 拍 拍拍 拍拍拍~

(2) 靜態活動 B：說白節奏+玩奏樂器

(3) 動態活動：邊走邊做動作

3.活動二

CD-II：3. 音符探戈（Musical tango）- 節奏（Rhythm）

10 個 4*8 拍 │X・ X XX XX │ X・ X X X │

前奏：5, 6, 7, 8, 準備開始

Cue：5, 6, 7, 8, 換 OO~（下一個動作）

(1) 靜態活動 A：說白節奏

│ X・ X XX XX │ X・ X X X │ （中文版）
我　會這樣拍拍 我　會拍拍
我　會這樣點點 我　會點點
我　會這樣踏踏 我　會踏踏
我　會這樣轉轉 我　會轉轉
我　會這樣拉拉 我　會拉拉

註：依據幼兒的能力決定參與的部分

➢ 小班：只要拍第二小節最後兩個音。

➢ 中班：只要拍第二小節完整四個音。

102

➢　　大班：嘗試拍完整的第一小節或兩小節。

前奏：1- 2- 1, 2, ready go

Cue：Shake your body, 1, 2, ready pat/tap/cut/hit/wiggle

X · X XX　　XX	X · X　X　X	（英文版）
I　can pat*4	I　can pat, pat,	
I　can tap*4	I　can tap, tap,	
I　can cut*4	I　can cut, cut,	
I　can hit*4	I　can hit, hit,	
I　can wiggle*2	I　can wiggle.	

註：依據幼兒的能力決定參與的部分

➢　　小班：只要拍第二小節最後兩個音／講最後兩個字。

➢　　中班：只要拍第二小節完整四個音／講最後兩個字。

➢　　大班：嘗試拍完整的第一小節或兩小節。

(2) 靜態活動 B：說白節奏+玩奏樂器

註：依據幼兒的能力決定參與的部分

➢　　小班：只要敲奏第二小節最後兩個音。

➢　　中班：只要敲奏第二小節完整四個音。

➢　　大班：嘗試敲奏完整的第一小節。

(3) 動態活動 A：邊走邊做動作

X · X XX XX	X · X X
我　會這樣動動	我　會動動
我　會這樣扭扭	我　會扭扭
我　會這樣跑跑	我　會跑跑
我　會這樣轉轉	我　會轉轉
我　會這樣跳跳	我　會跳跳

前奏：1- 2- 1, 2, ready go

Cue：Shake your body, 1, 2, ready go

| X · X XX   XX | X · X   X   X | （英文版） |

I	can walk*4	I	can walk, walk,
I	can run*4	I	can run, run,
I	can fly*4	I	can fly, fly,
I	can TiTi,TiTi,	I	can pull, pull,
I	can TiTi,TiTi,	I	can push, push,
I	can TiTi,TiTi,	I	can climb, climb,
I	can TiTi,TiTi,	I	can hop, hop,
I	can TiTi,TiTi,	I	can swim, swim.

(4) 動態活動 B：邊走邊玩樂器

4.活動三

CD-III：3. 暖身操（Warm-up exercises）- 節奏（Rhythm）

8 個 4*8 拍 | X   X   XX   X |

前奏：5, 6, 7, 8, 準備開始

Cue：5, 6, 7, 8, 現在換 OO（身體部位）

(1) 靜態活動 A：說白節奏

| X X XX X |

頭兒拍一拍
耳朵拉一拉
鼻子點一點
臉頰摸一摸
眉毛畫一畫
小腿拍一拍
小腳踏一踏
把腳打叉叉*2
小手放腿上*2
眼睛看 Liza*2
1, 2, 3, 4, 5,
現在上課囉！

(2) 靜態活動 B：說白節奏+玩奏樂器

(3) 動態活動 C：

| X X X̲X̲ X | （中文版）

頭兒轉一轉 X8 1,2,3,4 現在換肩膀
肩膀動一動 X8 1,2,3,4 現在換小手
小手甩一甩 X8 1,2,3,4 現在換屁股
屁股扭一扭 X8 1,2,3,4 現在換小腳
這腳踢一踢 X8 1,2,3,4 現在換這腳
這腳踏一踏 X8 1,2,3,4 現在換全身
全身動一動 X8 1,2,3,4 現在坐下來
把腳打叉叉 X2
小手放腿上 X2
眼睛看老師 X2

前奏：1- 2- 1, 2, ready go

| X X X̲ X̲ X | （英文版）

1-8：Head, head, turn, turn, turn, （＊8）
Cue：1,2,3,4 It's time for shoulders !
2-8：Shoulders, move, move, move, （＊8）
Cue：1,2,3,4 It's time for your hands!
3-8：Both hands, up, up, up, , （＊4）
　　　Both hands, down, down, down, , （＊4）
Cue：1,2,3,4 It's time for your hips!
4-8：Hips, hips, twist, twist, twist, （＊8）
Cue：1,2,3,4 It's time for your feet!
5-8：This foot kick, kick, kick, （＊8）
Cue：1,2,3,4 It's time for this foot!
6-8：This foot stomp, stomp, stomp, （＊8）
Cue：1,2,3,4 Time for whole body!
7-8：Body, shake, shake, shake, （＊8）
Cue：1,2,3,4 It's time to sit down!
8-8：One, two, cross your legs, （＊2）
　　　Put hands on your laps, （＊2）
　　　Right now look at me, （＊2）
　　　1, 2, 3, 4, 5,
　　　Time to have some fun!

● 本書 CD 適用之曲目：

CD-I：

3. 歡喜節奏樂（Happy rhythm）- 節奏（Rhythm）

CD-II：

3. 音符探戈（Musical tango）- 節奏（Rhythm）

CD-III：

3. 暖身操（Warm-up exercises）- 節奏（Rhythm）

(三) 快慢（Tempo - Fast & Slow）

● 教學目標：

1.主目標：

(1) 美感：感知音樂的快慢速度。

(2) 認知：快慢概念。

(3) 身體動作與健康：粗大動作與精細動作。

2.次目標：

(1) 口語理解。

(2) 專注力。

(3) 人際互動。

● 教學資源：氣球傘、高低刮弧、呼拉圈、腳丫子圖、手掌圖、長棒、短棒、地墊

● 教學過程

1.引起動機：

　　從前有兩個好朋友，一個叫「慢慢龜」的可愛烏龜，牠不管做什麼事情 都非～常～慢～，牠說話的速度很～慢～；走路的速度很～慢～；吃飯的速度很～慢～；玩遊戲的速度更～是～慢～...。「慢慢龜」的好朋友叫做「快快兔」，牠不管做任何事情的速度都是飛速的快快快，說話的速度總是劈哩啪啦的快速說完；走路跟吃飯的速度也像風一樣的快；玩遊戲時老是跑在大家的前面，是森林裡的遊戲王。當他們兩個人在一起時會蹦出什麼樣的火花呢？

　　小朋友，現在我們一起去找「慢慢龜」和「快快兔」吧！

2.活動

前奏：5, 6, 7, 8, 準備開始（1- 2- 1, 2, ready go）

Cue：搖搖身體 準備變（快／慢）（Shake your body, 1, 2, ready go）

(1) 靜態活動 A：圍圓圈坐姿

➢ 單人手部動作：快—雙手快快滾圈圈；慢—雙手食指和拇指慢慢互點

➢ 雙人兩兩一組互拍：

快—手掌朝上、朝下／垂直豎立快快互拍

慢—依照音樂的速度，做唸謠：「一角兩角三角形，四角五角六角半， 七角八角手插腰，九角十角十一角停下來」

(2) 靜態活動 B：圍圓圈躺姿

快—快快踩腳踏車

慢—慢慢踩腳踏車

(3) 靜態活動 C：兩組面對面坐姿

慢／Slow—滾球

快／Fast—拍球

註：若是教室沒有足夠的球，可以讓沒有球的小朋友做肢體動作，

慢的時候滾動雙手；快的時候快快拍

(4) 動態活動 A：分組，一組拿氣球傘、一組用肢體感受快慢

快—氣球傘組站在中間快快搖；另一組站在外圍原地快跑

慢—氣球傘組慢慢上下搖動；另一組從外圍慢慢爬到中間氣球傘

底下，最後結束時，拿氣球傘的人全部躲進氣球傘下，用氣球傘

蓋住所有人，老師從中間將氣球傘收起結束活動

(5) 動態活動 B：一人一支刮弧+棒子

快—在圈圈裏面快快刮高低刮弧（呼拉圈內）

慢—慢慢敲高低刮弧並向右邊移動（呼拉圈外）

(6) 動態活動 C：分組，一組拿氣球傘、一組躺地上用肢體感受快慢

快—一組躺著動快快；一組拿氣球傘搖快快

慢—躺著慢慢踩腳踏車；一組拿氣球傘搖慢慢

(7) 動態活動 D：設置地墊上放腳丫子圖和手掌圖

  ➤ 變化一

    快—找手掌圖隨音樂快快拍打

    慢—隨著慢慢的音樂跳地墊上的腳丫子

  ➤ 變化二

    快—原地快快踩

    慢—隨著慢慢的音樂跳地墊上的腳丫子或手掌

(8) 動態活動 E：一人一支長棒＋一支短棒

    快—在地墊裏面快快敲長短棒（地墊內）

    慢—長棒慢慢敲地板並向右邊移動（地墊外）

● 本書 CD 適用之曲目：

CD-I：

4. 旋轉木馬（Carousel）- 快慢（Fast & Slow）

    4 個快慢 4*8 拍

5. 獵豹與蝸牛（Cheetah and snail）- 快慢（Fast & Slow）

    6 個快慢 4*8 拍

CD-II：

4. 搖擺與飛行（Swinging & flying）- 快慢（Fast & Slow）

    5 個快慢 4*8 拍

5. 兒童樂園（Children's paradise）- 快慢（Fast & Slow）

4 個快慢 4*8 拍

CD-III：

4. 烏龜與白兔（Turtle & rabbit）- 快慢（Fast & Slow）

4 個快慢 4*8 拍

5. 洗洗洗（Wash & wash）- 快慢（Fast & Slow）

4 個快慢 4*8 拍

(四) 高低（Pitch - High & Low）

● 教學目標：

1.主目標：

(1) 美感：感知音樂的高低音域。

(2) 身體動作與健康：粗大動作與精細動作。

(3) 認知：高低概念。

2.次目標：

(1) 口語理解。

(2) 專注力。

(3) 人際互動。

● 教學資源：軟球、氣球傘、紙盤、塑膠袋、樂器：手搖鈴、響棒、手鼓、三角鐵

● 教學過程

1.引起動機：音符的智鬥

  在音樂國度裡，有一個充滿活力的音符社區，住著一群有趣的音符朋友。頂樓住著一群聲音高亢的高個子，地下室則住著一群聲音低沉的矮個子。這個社區有個習慣，每年都會舉辦一場音樂大賽，名為「音樂對決」。參加對決的人必須在高低音之間分出差異，以及它們如何合作，創造美妙的音樂。小朋友，我們現在就出發去對決吧！

2.活動

前奏：5, 6, 7, 8, 準備開始（1~2~, 1, 2, ready go）

Cue：搖搖身體 準備變高／低

  Shake your body, 1, 2, ready（low／high）

(1) 靜態活動 A：圍圓圈坐姿感受身體的高低

 ➢ 單人：高／High—拍頭；低／Low—拍腳丫

 ➢ 單人：高／High—站起來雙手做飛高狀；

   低／Low—仰躺低低拱腳踏

 ➢ 2 人一組（排兩排）：高／High—站起來互拍高高；

    低／Low—兩排躺在地上，雙腳互碰低低

 ➢ 4 人一組：2 人站高／High+雙手互相拍高；

    2 人坐著+雙手互相拍低／Low

(2) 靜態活動 B：圍圓圈坐姿感受身體的高低

➤ 高／High—拍手拍高

　低／Low—拍地 3 拍，第 4 拍拍右邊人的手

➤ 傳遞遊戲

　高／High—前 3 拍舉高高後，第 4 拍開始從老師向右邊一一拍手

　傳遞高；低／Low—腳做拱形傳遞軟球

(3) 動態活動 A：感受空間的高低

➤ 氣球傘：

　高／High—氣球傘一起搖高高+裡面放一個軟球

　低／Low—氣球傘一起放低低搖

(4) 動態活動 B：感受空間的高低

➤ 紙盤：

　高／High—兩個紙盤高高的拍打／高飛

　低／Low—身體躺在地上，兩隻手各放在紙盤上滑低低

➤ 塑膠袋：

　高／High—將塑膠袋丟高高拍打

　低／Low—將塑膠袋放在地上搓揉

(5) 動態活動 C：感受空間的高低

➤ 肢體感受：高—飛高高；低—面地躺低低拍地板

➤ 氣球傘：一組拿氣球傘；一組躲在氣球傘裡面

高—氣球傘拿高高+躲在裡面的人要跳高高摸氣球傘

低—氣球傘蓋住裡面的人+裡面的人拍地上

(6) 動態活動 D：樂器玩奏

➤ 單人：高—手搖鈴搖高高；低—手搖鈴敲低低

➤ 雙人：高—手鼓互敲高高；低—手鼓互敲低低

(7) 動態活動 E：樂器玩奏

➤ 單人：高—響棒搖高高；低—響棒敲地板

➤ 雙人：高—響棒互敲高高；低—響棒互敲低低

➤ 分組：高—三角鐵敲高高；低—手鼓敲低低

● 本書 CD 適用之曲目：

CD-I：

6. 飛翔的小鳥與行走的大熊（Flying bird and walking bear）- 高低（High & Low）

4 個高低 4*8 拍

7. 鴿子與鱷魚（Pigeon and alligator）- 高低（High & Low）

5 個高低 4*8 拍

CD-II：

6. 彈跳小魔豆（Bouncing little magic beans）- 高低（High & Low）

5 個高低 4*8 拍

7. 舞蹈表演（Dance performance）- 高低（High & Low）

   3 個高低 4*8 拍

CD-III：

6. 地下道與天空（Tunnel & sky）- 高低（High & Low）

   4 個低高 4*8 拍+低

7. 河馬與小鳥（Hippo & little bird）- 高低（High & Low）

   4 個低高 4*8 拍+低

(五) 走停（Stop & Go）

● 教學目標：

1. 主目標：

   (1) 美感：感知音樂的有聲（音符）與無聲（休止符）。

   (2) 身體動作與健康：粗大動作與身體平衡控制力。

   (3) 認知：有聲與無聲。

2. 次目標：

   (1) 口語理解。

   (2) 專注力。

   (3) 人際互動。

● 教學資源：樂器：響棒、鈴鼓、台灣地圖、觸覺地墊

● 教學過程

1.引起動機：音符的舞蹈

在一個神奇的音符國度，有一群音符寶寶，他們喜歡跳舞。每個音符寶寶都代表一種音樂，而他們的舞蹈是由音符和噓一起創作的。

音符寶寶們跳著歡快的舞蹈，每當音符出現時，他們就跳起來，跳著歡快的舞蹈。但當噓出現時，他們就要停下來，站著一動也不動。

一天，一位小朋友來到音符國度，他也想參加音符寶寶的舞蹈。音符寶寶們邀請他一起跳舞，他試著跳音符的舞蹈，當音符出現時跳得很開心，但當噓出現時，他總是無法停下來，繼續跳動。結果害得音符寶寶無法再跳出快樂的舞蹈，音符寶寶們不斷的告訴他噓出現時一定要停下來，音符寶寶們才能再跳出美妙有節奏感的舞蹈。小朋友明白了這一點，開始按照音符和噓的節奏跳舞，他和音符們一起跳著美妙的音樂，每當休止符出現時，他也能停下來，果然，音符國度又恢復了歡樂的景象。

2.活動

前奏：5, 6, 7, 8, 準備開始（1~2~, 1, 2, ready go）

Cue：5, 6, 7, 8, 準備休息（Shake your body, 1, 2, ready freeze／go）

(1) 靜態活動 A：

➢ 圍圓圈坐姿學領袖

走—拍手／Clap hands、點鼻子／Tap nose、轉手／Roll over、踏

腳／Stomp feet、拍腿／Pat thighs、拉耳朵／Pull ears、摸頭／Pat head

Cue：1, 2, 3, 4, 變成小魚 (Be a fish)、變成小花／Flower、變成小丑／Clown、變成大樹／Big tree、變成石頭／Stone、變成小羊／Sheep、變成公雞／Rooster

停—噓／Freeze

➤ 走—右手手掌向下，左手手掌向上，與旁邊朋友互拍

Cue：1、2、3、4，木頭人停—1、2、3、4、5、6、7、8

➤ 身體感受：以拱腳／Arch your feet 方式坐姿

走—用力踏腳／Stamp feet

停—一腳抬起／One foot up

(2) 靜態活動 B：樂器玩奏—響棒

➤ 走—隨著音樂玩響棒

➤ 停—把響棒打叉叉放地上，食指比一

(3) 動態活動 A：

➤ 以觸覺地墊標示，或用投影機 show 出台灣地名

走—帶著小朋友跟著音樂開汽車去旅遊，

Cue：「準備到站，這是哪裡？」

　　　1, 2, 3, 4, where we are?

停—引導小朋友說出地名後不出聲做休息，噓~

Cue：「休息結束，準備出發！」

(4) 動態活動 B：樂器玩奏+分組

➢ 將小朋友分成若干組，組長拿鈴鼓開車

➢ 走—跟著 Leader 拿鈴鼓+聽音樂+開汽車去旅遊，

Cue—老師拿出準備好的地名圖卡，說：「OO 到了，準備休息！」
OO, OO, 1, 2, ready rest!

停—引導小朋友一邊拍鈴鼓，說出地名後將鈴鼓放頭頂並說，噓
／Freeze～

Cue：「休息結束，準備出發！」

● 教具：台灣地圖（可以用投影出來，或用地墊寫出地名）、鈴鼓

(5) 動態活動 C：

➢ 用觸覺地墊（一人一個）排成兩排面對面，中間用一條長線隔開

➢ 走—手牽手原地踏步

Cue：「過馬路囉，停看聽，停！」

➢ 走—兩組走到對面的地墊，面對面原地踏步，

Cue：「過馬路囉！停看聽，停！」（Cross the road, 1, 2, ready
freeze！）

(6) 動態活動 D：樂器玩奏

➢ 單人：走—拍打鈴鼓；停—把鈴鼓放頭頂

➢ 雙人：走—一人拿鈴鼓，一人拍；停—拿鈴鼓的人把鈴鼓放在對
方的頭頂上；接下來互調

● 本書 CD 適用之曲目：

CD-I：

8. 玩具車遊行（Toy car parade）- 走停（Stop & Go）

　 7 個走停 4*8 拍

9. 過馬路（Crossing the road）- 走停（Stop & Go）

　 7 個走停 4*8 拍

CD-II：

10. 平交道（Street crossing）- 走停（Stop & Go）

　 8 個走停 4*8 拍

11. 扮鬼臉（Make a silly face）- 走停（Stop & Go）

　 8 個走停 4*8 拍

CD-III：

9. 123 木頭人（One two three, freeze）- 走停（Stop & Go）

　 9 個走停 4*8 拍

10. 走路與停頓（Walk & freeze）- 走停（Stop & Go）

　 8 個走停 4*8 拍

(六)長短（Duration - Long & Short）

● 教學目標：

1.主目標：

(1) 美感：感知音符的長短時值。

(2) 身體動作與健康：粗大動作與精細動作。

(3) 認知：長短概念。

2.次目標：

(1) 口語理解。

(2) 專注力。

(3) 人際互動。

● 教學資源：長身立鏡、長線、毛線球、軟球、彩帶棒、絲巾、伸縮帶、
樂器（三角鐵、響棒）

● 教學過程

1.引起動機：模仿貓

　　在這個有趣的活動中，我們將模仿可愛的貓咪，體驗它們的長短
動作和表情。這個活動將幫助幼兒了解身體的不同長度和靈活性。

2.遊戲規則：

(1) 準備一個身高適中的長身立鏡，讓每位幼兒站在鏡子前。如果沒有
鏡子，就先由小朋友扮演鏡子，老師做動作。

(2) 教學者可以提出不同的挑戰，例如，讓幼兒們試著把自己的身體拉得長長高高，就像貓咪舉起前腿伸展身體一樣。然後，讓他們試著縮成短短小小，就像貓咪捲起身體一樣。

(3) 教學者還可以讓幼兒們模仿貓咪的表情，例如，試著模仿貓咪的好奇、困惑或愜意表情。

(4) 若時間允許，可以讓幼兒們成為模仿伙伴，互相模仿對方的長短動作和表情。

(5) 在活動結束後，可以討論幼兒們的觀察和體驗，以強調身體的不同長度和姿勢。

　　這個活動旨在教導幼兒身體的靈活性和不同的姿勢，同時提高他們對身體長度的認識。透過模仿可愛的貓咪，幼兒們將以有趣的方式學習關於身體的控制和表情的表達。

3.活動

前奏：5, 6, 7, 8, 準備開始（1~2~ 1, 2, ready go）

Cue：搖搖身體 準備變短／長（1~2~1, 2, ready short／long）

(1) 靜態活動：圍圓圈坐姿

➤ 以長線和毛線球感受長短

➤ 肢體模仿感受長短：用手拉長長；拳頭互槌短短

➤ 逆時針方向圍坐：長—用軟球在前面小朋友的背由上往下按長長；短—用軟球在前面小朋友的背上點短短

➤ 逆時針方向圍坐：長—雙手重重的在前面小朋友的背由上往下按長長；短—雙手握拳槌短短

➤ 滾球：長—滾軟球；短—拍軟球

(2) 動態活動 A：肢體模仿

➤ 單人：長—老師隨機拉長長；短—雙手握拳互槌＋墊腳尖

➤ 雙人：輪流當 leader，模仿對方的長；短—雙手握拳互槌＋墊腳尖

(3) 動態活動 B：一人一支彩帶棒

➤ 長—彩帶棒往前甩長長；短—彩帶棒點短短

➤ 長—彩帶棒往前甩長長；短—和旁邊的人互敲短短

(4) 動態活動 C：一人一條絲巾

➤ 長—絲巾拉長長；短—絲巾向手掌內收短短

➤ 長—絲巾拉長長；短—和旁邊的人互敲短短

(5) 動態活動 D：一人一條伸縮帶

➤ 長—伸縮帶向外拉長長

➤ 短—伸縮帶甩短短

(6) 動態活動 E：樂器玩奏

➤ 長—三角鐵敲長長；短—響棒敲短短

➤ 長—三角鐵敲長長；短—和旁邊的人響棒互敲短短

● 本書 CD 適用之曲目：

CD-I：

10. 模仿（Copy cat）- 長短（Long & Short）

　　 3 個長短 4*8 拍+長

11. 彩帶（Colourful ribbon）- 長短（Long & Short）

　　 3 個長短 4*8 拍+長

CD-II：

8. 大象與袋鼠（Elephant & kangaroo）- 長短（Long & Short）

　　 3 個長短 4*8 拍+長

9. 麥芽糖與爆米花（Maltose & popcorn）- 長短（Long & Short）

　　 4 個長短 4*8 拍+長

CD-III：

8. 伸展與跳躍（Stretching & jumping）- 長短（Long & Short）

　　 3 個長短 4*8 拍+長

(七) 力度—強弱（Dynamics - Loud & Soft）

● 教學目標：

1.主目標：

(1) 美感：感知音樂的強弱力度。

(2) 認知：強弱大小概念。

(3) 身體動作與健康：粗大動作與精細動作。

2.次目標：

(1) 口語理解。

(2) 專注力。

(3) 人際互動。

● 教學資源：樂器（手鼓、響棒）、大聲公、傳聲筒、大龍球

● 教學過程

1.引起動機：聲音之旅─探索聲音的魅力

　　　在這個有趣的活動中，老師帶領幼兒們一同踏上一場奇幻的聲音之旅，這場旅程將啟發他們對聲音的好奇心。一開始，以大聲公展現聲音的嘹亮和強烈，讓孩子們體驗到大聲說話的震撼效果。接下來，鼓勵每位孩子使用大聲公，讓他們在其他小朋友面前充滿自信地自我介紹，這將有助於提升他們的口語表達和自信心。

　　　隨後，帶出神奇的「聲音傳遞器」，透過這個儀器，孩子們將聆聽到輕柔細語的神奇之音。這一部分的活動將幫助孩子們理解聲音的微妙差異，並且讓他們探索不同的聲音強度和質地。透過這個聲音之旅，孩子們將更深刻地了解聲音，學會如何掌握自己的聲音，以實現不同的溝通目標。同時，這個遊戲也將培養孩子的團隊合作和互動技能，使他們更好地理解彼此的表達方式。

2.活動

前奏：5, 6, 7, 8, 準備開始（1~2~, 1, 2, ready go）

Cue：搖搖身體 準備變大／小（Shake your body, 1, 2, ready go）

(1) 靜態活動 A：圍圓圈坐姿

> 身體感受：手部感受

強—用力拍手

弱—食指互碰

> 身體感受：以肢體動作表現大與小

強—將雙手伸展至最大；

弱—將身體蜷曲在一起，展現小的概念

> 身體感受：以拱腳方式坐姿

強—用力踏腳

弱—輕輕點腳尖

> 吹塑膠袋

強—將塑膠袋吹飽氣後，重重的拍打

弱—把氣放掉，輕輕搓揉

> 樂器玩奏：手鼓放置地上

強：用力敲自己的手鼓 3 下+1 下敲右邊小朋友的手鼓

弱：用雙手食指輪流輕點自己手鼓

(2) 動態活動 A：手拉手圍圈

　　大：向外圍大圈+腳重踏

　　小：向內縮小圈子+踮腳尖

(3) 動態活動 B：圍圈站姿玩奏樂器

　　大：一邊重敲響棒，一邊走向外圍大圈+腳重踏

　　小：一邊摩擦響棒，一邊向內縮小圈子+踮腳尖

(4) 輔助教具遊戲：

　　　　請幼兒隨著音樂聲的大小按壓拍打大龍球，感受大聲與小聲的不同。當音樂聲是大時，幼兒們就用手掌重重地敲打大龍球；當音樂聲是小時，幼兒們就輕輕地以一根手指頭輕按大龍球。

● 本書 CD 適用之曲目：

CD-I：

12. 喊叫與竊竊私語（Shouting & whispering）- 強弱（Loud & Soft）

　　5 個大小 4*8 拍

CD-II：

12. 大腳丫與小腳丫（Big & small feet）- 強弱（Loud & Soft）

　　5 個大小 4*8 拍

13. 搖籃曲與暴雷（Lullaby & thunderstorm）- 強弱（Loud & Soft）

　　5 個大小 4*8 拍

CD-III：

11. 大巨人與小精靈（Giant & fairy）- 強弱（Loud & Soft）

4 個大小 4*8 拍

(八) 曲式

● 教學目標：

1.主目標：

(1) 美感：感知與分辨音樂的曲式變化。

(2) 認知：強弱概念。

(3) 身體動作與健康：粗大動作與精細動作。

2.次目標：

(1) 口語理解。

(2) 專注力。

(3) 人際互動。

● 教學資源：手搖鈴、三角鐵

● 教學過程

1.引起動機：奇異之旅

　　老師將帶領大家前往一座神秘的樂園，小朋友們將踏上一場充滿奇異之旅的探險。神秘的樂園有三個地方被鎖住了，小朋友要幫忙找到鑰匙，成為解鎖者。

　　一位音樂精靈告訴小朋友們一個秘密，當音樂響起，小朋友跟著老師的動作做，做對了的話，隱形的鑰匙自動會降落把門打開，讓小朋友繼續前往下一個門。

　　首先，帶領小朋友進入 A 部分的領域，感受到美妙的音樂旋律，並做出規律的節拍動作。接著，穿越到 B 部分的領域，體驗到截然不同的節奏，發現第二個門內的奇異之處。而最後，回歸 A 部分，為這個奇異之旅畫下圓滿結局。

　　這場奇異之旅不僅讓小朋友們成為樂園的冒險者，更啟發了他們對於不同音樂曲式的理解。透過每一段曲式的轉變，小朋友可以發現音樂的奇異之美，同時也學到了辨識和體驗 ABA 曲式的樂趣。讓奇異之旅成為小朋友們難以忘懷的音樂體驗。

2.活動

前奏：5, 6, 7, 8, 準備開始（1~2~, 1, 2, ready go）

Cue：搖搖身體 準備變囉！（Shake your body, 1, 2, ready go!）

(1) 靜態活動：圍圓圈坐姿

　➤　圍單圈：單人

　　前奏：點頭 8 拍+手拉手左右搖擺*4

　　A—拍手*4+拍腿*3

　　B—躺在地上隨便晃動

> 圍雙圈：雙人面對面

　前奏：點頭 8 拍+左右手拉手+左右搖擺*4

　A—自己拍手*4+面對面互拍*3

　B—拱腳滾球

> 樂器玩奏：手搖鈴

　前奏：點頭 8 拍+手拉手左右搖擺*4

　A—搖手搖鈴*4+握拳敲手搖鈴*3

　B—隨便亂搖

(2) 動態活動 A：手拉手圍圈

　前奏：點頭 8 拍+手拉手左右搖擺*4

　A—Swing to the right. Swing to the left.（4 Times）

Take three steps in and clap, clap, clap.
Take three steps out and clap, clap, clap.
Clap down low and clap up high.
Take three steps in and clap, clap, clap.
Take three out and clap, clap, clap.
Clap up high, clap down low.

　B—繞圓圈跑

(3) 動態活動 B：圍圈站姿玩奏樂器

　前奏：點頭 8 拍+手拉手左右搖擺*4

　A：4 拍敲一下三角鐵

　B：三角鐵畫圓圈教具

● 本書 CD 適用之曲目：

CD-I：

13. 新派對歌（New party music）- ABA 曲式（AB A Form）

A-B-A-B-A

(九) 音色

● 教學目標：

1.主目標：

(1) 美感：感知與分辨不同的音色。

(2) 語言：理解性與表達性語言。

2.次目標：

(1) 身體動作與健康：粗大動作與精細動作。

(2) 專注力。

(3) 人際互動。

● 教學資源：迷宮寶藏圖、樂器圖卡（鋼琴、吉他、管風琴、小喇叭、薩
克斯風）、樂器（響板、手搖鈴、手鼓、響棒、三角鐵）

● 教學過程

1.引起動機：音色迷宮

讓我們一起踏上一場音色的大冒險，小朋友們將成為音色尋寶家，
發現不同樂器的奇妙之處。告訴幼兒，在音色迷宮中每個樂器就像是

一個音樂寶藏，只有猜對每一種音色才能走出迷宮，這一趟旅程共有
12 個關卡，現在讓我們出發吧！

首先，播放鋼琴的美妙音樂，並告訴小朋友們這是音色寶藏的第
一個位置。我們一起聆聽，並感受鋼琴音樂的美麗。然後，我們將播
放吉他的音樂，告訴小朋友這是音色寶藏的第二個位置。他們將發現
吉他音樂有著不同的情感和情節，就像音色的不同之處。

接著，帶出管風琴的音樂，告訴小朋友這是音色寶藏的第三個位
置。他們將感受到管風琴音樂的莊嚴和宏偉。然後，播放小喇叭的音
樂，告訴他們這是音色寶藏的第四個位置，並讓他們體驗到小喇叭的
明亮和活潑。再來是薩克斯風，最後，回到鋼琴的音樂，然後繼續鋼
琴-鋼琴-小喇叭-吉他-管風琴-小喇叭-鋼琴的音樂之旅，讓小朋友們以
走迷宮的方式不斷尋找音色的寶藏。這個遊戲將啟發他們對音樂的好
奇心，並幫助他們更好地理解不同樂器的音色和情感表達。

2.活動

音色：鋼琴→吉他→管風琴→小喇叭→薩克斯風→鋼琴→鋼琴→小喇
叭→吉他→管風琴→小喇叭→鋼琴

(1) 靜態活動：圍圓圈坐姿

➤ 圍單圈

前奏：點頭 8 拍（5, 6, 7, 8, 準備開始）

A：依照樂器的演奏方式以動作呈現

　　　　B：指定樂器做動作呈現，例如：只指定鋼琴一種樂器，只有鋼

　　　　　琴音樂出現時才拍手；吉他出現時點頭等

　➤　圍雙圈：兩兩面對面

　　　前奏：點頭 8 拍（5, 6, 7, 8, 準備開始）

　　　模仿：外圈模仿內圈的動作＋內圈模仿外圈

　➤　樂器玩奏：響板、手搖鈴、手鼓、響棒、三角鐵

　　　前奏：點頭 8 拍

　　　分成五組：聽到自己音樂時才能演奏手上的樂器

(2) 動態活動：圍圓圈站姿

　➤　圍單圈

　　　前奏：點頭 8 拍（5, 6, 7, 8, 準備開始）

　　　A：依照樂器的演奏方式以動態動作呈現

　　　B：指定樂器做動態動作呈現，例如：聽到鋼琴音樂出現時踏步；

　　　　　吉他出現時跳起來等等

　➤　圍雙圈：兩兩面對面坐姿，全班分成 5 組：鋼琴、吉他、管風琴、

　　　小喇叭、薩克斯風

　　　前奏：點頭 8 拍

　　　A：當聽到自己樂器時，內外圈小朋友手牽手繞圓圈

　　　B：指定樂器做動態動作呈現

　➤　樂器玩奏：響板、手搖鈴、手鼓、響棒、三角鐵

前奏：點頭 8 拍（5, 6, 7, 8,準備開始）

分成五組：聽到自己音樂時才能以動態方式演奏手上的樂器

● 本書 CD 適用之曲目：

CD-I：

14. 音樂盒（Music box）- 音色（Timbre）

音色：鋼琴→吉他→管風琴→小喇叭→薩克斯風→鋼琴→鋼琴→小

喇叭→吉他→管風琴→小喇叭→鋼琴

(十) 調式—大小調（Major & Minor）

● 教學目標：

1.主目標：

(1) 美感：感知與分辨音樂調性的變化。

(2) 情緒：能感受音樂調性中不同的情感。

2.次目標：

(1) 身體動作與健康：粗大動作與精細動作。

(2) 口語理解。

(3) 人際互動。

● 教學資源：小絲巾、大絲巾、高低木魚

● 教學過程

1.引起動機 A：無表情公主

　　　　在遙遠的地方，有一個王國，裡面住了一個很美麗的公主，但是公主從出生後就生病了，既不會哭也不會笑，因此大家都叫她「無表情公主」，想要治好公主的病必須讓她聽一首特別的音樂，老師這裡有一首能治好公主的處方音樂，但必須由小朋友用對的方法演奏出來才能醫治公主的病，讓公主能掉眼淚與開懷的笑，你們願意幫忙嗎？現在讓我們一起來演奏這首音樂！

2.引起動機 B：天氣預測家小凱特

　　　　從前，在一個魔法音樂的村莊裡，有一個年輕的音樂探險家名叫小凱特。小凱特非常喜歡音樂，她對不同的音樂情感充滿無限好奇。小凱特有一個奇特的能力，她總能夠用音樂告訴村莊的人們當天的天氣，只要小凱特演奏出明亮愉快的音樂，當天就會出現一個陽光明媚的日子；但是當小凱特的音樂變得深沉、哀傷，當天就會出現陰雨天。

　　　　小朋友，我們現在就和小凱特一同享受音樂的神奇世界，一起去探索音樂的天氣吧！

3.活動

前奏：5, 6, 7, 8, 準備開始

Cue：點點頭呀　變變變變

(1) 靜態活動：圍圓圈坐姿

➤ 單人：圍圓圈坐姿

大調—雙手手掌面上，隨音樂上下晃動，做快樂狀

小調—雙手手掌面向自己把臉遮住，隨音樂上下晃動，做悲傷狀

➤ 雙人：面對面圍內外圈坐姿

大調—互相擊掌

小調　手拉手上下左右甩動

➤ 樂器玩奏：高低木魚

大調—用棒子敲高低木魚

小調—用棒子刮高低木魚

(2) 動態活動 A：單人

➤ 大調—拿小絲巾自由在教室空間舞動

➤ 小調—回到圈圈自己的位置，將絲巾蓋住頭隨音樂搖擺

(3) 動態活動 B：分 AB 兩組—一組拿絲巾、一組在大絲巾底下玩

➤ 大調—在大絲巾底下跳舞

➤ 小調—用大絲巾蓋住舞動的小朋友，在絲巾底下隨音樂舞動

● 本書 CD 適用之曲目：

CD-II：

14. 歡笑與哀愁（Happiness & sadness）- 大小調（Major & Minor）

4 個大小 4*8 拍＋大調

CD-III：

12. 晴天與陰天（Sunny day & cloudy day）- 大小調（Major & Minor）

5 個大小調 4*8 拍＋大調

(十一) 協和與不協和（Consonant & Inconsonant）

● 教學目標：

1.主目標：

(1) 美感：感知與分辨音樂的協和與不協和變化。

(2) 身體動作與健康：粗大動作與精細動作。

2.次目標：

(1) 口語理解。

(2) 人際互動。

● 教學資源：數種無調性樂器、A4 紙、彩帶棒、紙杯

● 教學過程

1.引起動機：調皮的音符精靈

　　在一個遙遠的音樂森林中，住著一群音符精靈。這些音符精靈都很調皮，當他們開心時就會演奏出好聽的音樂，但是當他們調皮搗蛋時就會演奏出不悅耳的聲音，當他們看到好朋友出現，就會演奏出好聽的音樂歡迎；但是當他們看到陌生人出現在森林中，他們就會開始調皮，演奏起一些古怪吵雜的聲音，想要嚇跑陌生人。小朋友，我們現在要進入這個音樂森林，我們來猜猜音符精靈的心情到底是好還是不好呢？

　　如果音符精靈心情好，我們就回到座位和他們一起演奏好聽的音樂；如果音符精靈心情不好，我們就陪著他們一起搗蛋吧！等等你們還要用樂器聲音告訴老師，森林裡來了好朋友還是陌生人喔！

2.活動

4 個大小調 4*8 拍+協和

前奏：1, 2, 3, 4 準備開始

Cue：點點頭呀　變變變變

(1) 靜態活動：單人，圍圓圈坐姿

　　協和：學領袖，隨著音樂做動作

　　不協和：坐在原地隨便亂動

(2) 靜態活動：雙人，面對面圍內外圈坐姿

　　協和：互相擊掌

　　不協和：在地上翻滾

(3) 靜態活動：樂器玩奏，單人手鼓

　　協和：隨著音樂拍手鼓

　　不協和：用棒子亂敲

(4) 聽音作畫：所有小朋友圍在大圖畫紙周圍

　　協和：每 4 拍一個單元畫一下（可以指定畫一個直線）

　　不協和：隨便亂畫

(5) 動態活動 A：在內圈設置許多無調性樂器

協和：拿一種樂器在圈圈線上隨著音樂搖擺敲奏樂器

不協和：進入圈內，隨便玩奏樂器

(6) 動態活動 B：

協和：坐在自己的墊子上隨著音樂用棒子敲紙杯

不協和：站起來用棒子攪動杯子隨處亂跑

(7) 動態活動 C：

協和：圍圓圈，繞圓圈隨著音樂節奏規律地點彩帶棒

不協和：隨便舞動

● 教具：數種無調性樂器、紙杯、棒子、彩帶棒

● 本書 CD 適用之曲目：

CD-III：

13. 仙女與精靈（Fairies & elves）- 協和與不協和（Consonant & Inconsonant）

4 個大小調 4*8 拍+協和

(十二) 舒緩

● 曲目：

CD-I：

15. 彩虹之美（The beauty of the rainbow）- 舒緩

16. 鄉間漫步（Moseying in the countryside）- 舒緩

CD-II：

15. 愛的呢喃（Romantic love）- 舒緩

16. 風之詩篇（Poem of the wind）- 舒緩

CD-III：

14. 秋分來臨（Autumn equinox）- 舒緩

15. 海洋之美（The beauty of the ocean）- 舒緩

16. 森林之歌（Forest song）- 舒緩

CD-IV：

1. 心靈釋放的卡農（Canon of soul liberation）- 舒緩

2. 公主之夢（Princess dreams）- 舒緩

3. 童話天地（Fairy-tale land）- 舒緩

4. 玩魔術（Playing magic tricks）- 舒緩

5. 青梅竹馬（Childhood sweetheart）- 舒緩

6. 星星之光（Starlight）- 舒緩

7. 秘密花園（The secret garden）- 舒緩

8. 美妙之旅（Wonderful journey）- 舒緩

9. 翻轉人生（Life transformation）- 舒緩

10. 熱愛大自然（Passion for nature）- 舒緩

11. 幻想境界（Fantasy realm）- 舒緩

12. 冰天雪地（Icy wilderness）- 舒緩

13. 環遊世界（Traveling around the world）- 舒緩

14. 思鄉之遊子（The homesick wanderer）- 舒緩

15. 碧海藍天（Blue sea & sky）- 舒緩

16. 遊樂園（Amusement park）- 舒緩

● 活動目標：

➤ 情緒：穩定幼兒情緒。

● 活動過程：

1. 躺在地板

2. 使用大龍球在幼兒身上做重壓覺按摩

最終篇

在這最終章，讓我們回顧這本書的旅程，一個充滿音樂的旅程，旨在將音樂的美好和魔力帶入每一位幼兒的生活和教育環境中。《跳動的音符：全幼兒音樂教育多元音樂元素活動教案》代表著對音樂的深刻理解、對幼兒的深切關懷，以及對音樂教育的堅持。

我們從音樂元素出發，深入探討了音樂在幼兒教育中的關鍵作用，並提供了對音樂元素的定義。這不僅有助於教育者更佳的理解音樂的本質，更讓他們能夠將這種美妙的語言引入每一位幼兒的生活。

在第二部分，我們提供了針對不同年齡層幼兒的音樂教案，包括產前胎教、0 歲寶寶、1-2 歲學步兒和 3-6 歲幼兒。這些教案的目的是協助教育者以簡單且充滿趣味的方式，在不同發展階段的幼兒中培養音樂感知和理解，同時引導他們透過音樂來發展多方面的技巧和能力。

特別為不熟悉音樂的幼教老師設計這些音樂教案，是出於將音樂教育帶入每一個幼兒園教室的渴望。我們相信，每位幼兒都應該有機會體驗音樂的魅力，不論他們的背景或音樂經驗如何。

最終，這本書代表了對音樂的熱愛、對幼兒的關懷，以及對音樂教育的信仰。我們希望這本書能成為每一位教育工作者的實用資源，為每一位幼兒的生活增添音樂的色彩，並啟發他們的夢想和創造力。讓音樂成為每一位幼兒成長旅程中的不可或缺的伴侶，為他們的未來奠定堅實的基礎。

謝謝您的閱讀，願這本書成為您和每一位幼兒的共同音樂之旅，帶來音樂的美好和魔力，繼續播奏下去！

後記

對我來說，音樂一直是一種靈魂的語言，能夠穿越時空，觸及人心。而在幼兒教育中，音樂的力量更是無可比擬的。繼《全幼兒音樂教育模式》後，我專心聚焦在創作音樂CD的教案撰寫，這本書不僅是我用時間的付出，更是我對音樂的一種信仰，以及對每位幼兒潛在的創造力和美好未來的信任。

這本書的目標非常明確，即將音樂的魅力融入每位幼兒的成長過程中。每一首音樂的創作和每一個教案的設計都是出於對幼兒的愛和關懷，以及對音樂教育的堅持。我深信，音樂不應該僅僅存在於音樂教室，而應成為每一位幼兒的生活一部分。

特別針對不熟悉音樂的幼教老師或家長設計出這些音樂教案，是出於將音樂教育帶到生活每一個角落的渴望。無論你是否擁有音樂專業知識，這本書都旨在使音樂教育變得容易且充滿樂趣。

最終，願音樂如神奇的語言一般，點燃幼兒的夢想，滋潤他們的心靈，並為他們未來的旅程照亮前路。

李玲玉

01.01.2024

作者簡介

　　李玲玉畢業於美國哥倫比亞大學教師學院（TEACHERS COLLEGE, COLUMBIA UNIVERSITY），獲得音樂暨音樂教育雙碩士與博士學位，現任朝陽科技大學人文暨社會學院院長、幼兒保育系特聘教授、校級「全幼兒發展教育研究中心」（Research Center of Holistic Development for Young Children）計畫主持人、「全幼兒音樂教育中心」計畫主持人（2015~2018 年校級重點特色計畫）、校級重點特色計畫--「朝陽學術聲望推廣與出版能量提升重點特色計畫」Chaoyang Academic Prestige Promotion Project 計畫主持人、歐洲教師教育網絡學術組織朝陽科技大學代表人（European Teacher Education Network—ETEN Coordinator）、朝陽科技大學附設幼兒園課程顧問、財團法人高等教育評鑑中心基金會專科以上學校教保相關系科幼兒園教保員培育評鑑之評鑑委員、臺灣評鑑協會大專校院教學品保評鑑委員。曾經擔任國際音樂教育學會（International Society for Music Education—ISME）之特殊音樂教育、音樂治療與音樂醫學委員會主席（2008~2010）與當然委員（2010~2012）、美國紐約州立大學奧斯特分校訪問學者（2010~2011）、紐約社會學院音樂教育中心音樂教育與音樂育療特別顧問（2002~2012）、臺灣兒童暨家庭扶助基金會附設台中市私立家扶發展學園深耕駐園專家（2015~2016）、臺灣兒童暨家庭扶助基金會附設台中市私立家扶發展學園音樂育療課程顧問（2012~2019）。

　　獨創了「全幼兒音樂教育」模式（Holistic Music Educational Approach for Young Children—HMEAYC），取得了豐碩的研究成果，研究範圍包括：產前胎教、0-2 歲寶寶音樂教育、3-6 歲幼兒音樂美語與多元發展教育、幼兒音樂育療等。經常被世界各地知名的大學、音樂和教育會議及學術研討會邀稿、訪問、演講以及短期講學，數年間學術足跡遍及五大洲：美國、加拿大、澳洲、西班牙、日本、馬來西亞、葡萄牙、英國、義大利、瑞典、德國、荷蘭、比利時、丹麥、捷克、波蘭、希臘、瑞士、新加坡、巴西、土耳其、印尼、墨西哥、芬蘭、俄羅斯、泰國、南非、越南、阿爾巴尼亞和中國港澳地區及大陸眾多省份，所到之處皆受到當地媒體、學術與實踐機構之專家、教師、幼兒家長及社會各界人士的交口稱譽。

　　在朝陽科技大學期間亦積極規畫舉辦大型國際研討會，親自邀請世界各國專家至朝陽演講與訪問、提供在校學生海外實習與交流機會，除了於 106 學年度完成三年期之校級重點特色計畫-全幼兒音樂教育中心計畫外，還協助承辦了 107 年度臺中市托育資源中心暨親子館-市區托育資源中心暨親子館之「音樂魔法屋」，於 107 學年度透過校級研究中心-全幼兒發展教育中心之審核，為人文暨社會學院成立第一所校級中心。所有成果績效經常被電視與平面媒體報導。也因此多年榮獲教育部特殊優秀人才彈性薪資獎勵（100 學年度、101 學年度、103 學年度、106 學年度）。

教育背景：

● 美國哥倫比亞大學教師學院／音樂暨音樂教育博士（1998~2002）
TEACHERS COLLEGE, COLUMBIA UNIVERSITY／Ed. D. in Music and Music Education

● 美國哥倫比亞大學教師學院／音樂暨音樂教育碩士（1997~1998）
TEACHERS COLLEGE, COLUMBIA UNIVERSITY／Ed. M. in Music and Music Education

● 美國長島大學／音樂教育樂器指導碩士（1996~1997）
LONG ISLAND UNIVERSITY／M.S. in Music Education in Instrumental Instruction

● 美國 kindermusik 大學 0-3 歲執照音樂教師（1999）

● 美國 kindermusik 大學 3-6 歲執照音樂教師（1999）

● 美國紐約社會學院（New York Institute of Social Research）音樂治療實習與研究（1998-2001）

● 美國 New York Institute for Social Research 受訓合格專業音樂治療證書（2002）

● 英國 University of Sunderland 聲音光束和聲音治療受訓（創始人 Prof. Dr. Phil Ellis 指導）（2007）

經歷：

現任：

● 朝陽科技大學人文暨社會學院院長（2019 年 8 月~迄今）

● 朝陽科技大學幼兒保育系特聘教授（2023 年 8 月~迄今）

● 校級重點特色計畫—「朝陽學術聲望推廣與出版能量提升重點特色計畫」Chaoyang Academic Prestige Promotion Project 計畫主持人（2019 年 8 月~迄今）

● 歐洲教師教育網絡學術組織（European Teacher Education Network—ETEN Coordinator）朝陽科技大學代表人（2012 年 9 月~迄今）

● 全幼兒發展教育研究中心—計畫主持人（2018 年 8 月~迄今）

● 全幼兒音樂教育中心—計畫主持人（2015 年 8 月~迄今）

● 朝陽附設幼兒園課程顧問（2011 年 8 月~迄今）

作者部落格：https://liza-s-blog0.webnode.tw/
全幼兒發展教育研究中心網址：https://cyuthmeayc.webnode.tw/

國家圖書館出版品預行編目（CIP）資料

跳動的音符：全幼兒音樂教育多元音樂元素活動教案/李玲玉著. -- 第一版. -- 臺中市 ：全幼兒音樂教育中心，2024.01
158 面 ；25 公分
ISBN 978-626-98106-0-4(平裝)

1.CST：幼兒教育 2.CST：音樂教育 3.CST: 教學方案

523.23   112020499

跳動的音符
全幼兒音樂教育多元音樂元素
活動教案

作　　者：李玲玉

出 版 者：全幼兒音樂教育中心

地　　址：臺中市霧峰區吉峰東路 168 號

電　　話：04-23323000

電子信箱：lylee@cyut.edu.tw

出版日期：2024 年 01 月第一版

ISBN：978-626-98106-0-4

定　　價：新台幣 450 元（本書如有缺頁或破損，請寄回更換）